NEFF

HAND-
LESEN

Alexander von Prónay

Neff

Neff ist ein Imprint der Verlagsunion Pabel-Moewig KG, Rastatt

Umschlaggestaltung: Werbeagentur Zeuner, Ettlingen
Druck und Bindung: Elsnerdruck, Berlin
Printed in Germany 1995
ISBN 3-8118-5839-4

Inhalt

Vorwort

Sie haben zu einem Buch gegriffen, das Ihnen mehr Menschenkenntnis vermitteln wird. Die richtige Beurteilung der Personen, mit denen wir tagtäglich zu tun haben oder die uns in einer besonderen Situation gegenübertreten, ist sehr wichtig. Wir sind uns meistens gar nicht bewußt, daß und wie wir andere prüfen, ob sie uns sympathisch sind, uns fördern könnten oder ob wir vor ihnen auf der Hut sein sollten. Diese Prozesse geschehen meist unterschwellig. In unserem Unbewußten schlummert ein reicher Schatz an Erfahrungen, die wir früher, ja, schon in frühester Kindheit, gemacht haben: Vielleicht kannten wir einen jovialen, dicken, gemütlichen Kaufmann, der uns immer ein Bonbon spendierte, wenn wir in seinen Kramladen traten, oder einen hageren Nachbarn, der nie lächelte oder ein gutes Wort übrig hatte und vor dem wir uns wegen seines verkniffenen Gesichts ängstigten. Später lernten wir dann, daß der Kaufmann nicht nur aus Wohlwollen handelte und das Bonbon ein Werbegeschenk war und daß der unzugängliche Nachbar ein schweres Magenleiden hatte. Auch Vorurteile haben ihre Geschichte.

„Erfahrung ist des Lebens Meisterin", schrieb Goethe, und aus vielen Hunderten oder Tausenden kleiner und kleinster Beobachtungen formte sich schließlich unser Menschenbild. Jede neue Begegnung oder Erkenntnis im zwischenmenschlichen Kontakt wird nun an ihnen gemessen.

Dieses Buch wird Ihre Eindrücke objektivieren, soweit sie unsere Hände betreffen. Man sollte die Bedeutung der Hand nicht unterschätzen! Zwar sehen wir den Leuten zunächst ins Gesicht, das bei einem Kleinkind noch alle Regungen der Seele spiegelt, während es später, und nicht nur bei einem Greis, maskenhaft erstarren kann. Wir wissen eben auch, wie sehr schauspielerisches Talent Mimik und Gestik zu steuern und damit zu täuschen vermag. Insofern können wir uns auf unser Urteil über andere, sofern es auf Grund des Äußeren, besonders auf Grund des Gesichts entstanden ist, nicht so ohne weiteres verlassen.

Bekannt ist, daß sich Frauen, denen man ja eine ausgeprägtere Intuition zubilligt als den Männern, bei einer Begegnung intensiv mit den Händen ihrer Gesprächspartner beschäftigen. Das Charakterbild eines Menschen ist genau von den Händen abzulesen, es kann allenfalls passieren, daß unsere Beobachtungen ungenau sind oder daß wir manche Zeichen nicht richtig deuten.

Wir unterscheiden die *Chirologie*, die wissenschaftliche Handdeutung, von der *Chiromantie*, der Wahrsagepraktik des Handlesens. Die Chirologie ist jedoch keine Wissenschaft wie die Mathematik, in der 2 + 2 immer 4 ist. Sie basiert vielmehr auf Erfahrungen. Zwar gibt es keine zwei Menschen, die einander völlig gleichen, doch lassen eindeutige Merkmale bei bestimmten Typen auch auf ähnliche Eigenschaften oder Neigungen schließen.

Form und Linien der Hände zu deuten ist eine Kunst, die nicht zuletzt geübt wird, um Aufschluß über die Zukunft einer Person zu erhalten. Doch die Erfahrung lehrt, daß es nicht möglich ist, genau zu erkennen, was einem Menschen bevorsteht. Wohl aber kann eine Handanalyse eine Generallinie der Möglichkeiten künftiger Entwicklungen aufzeigen; darin liegt ihr Nutzen. Was Charaktereigenschaften, Temperament und Emotionen angeht, so gibt eine Hand deutlich Auskunft – daran ist nicht zu zweifeln. Würden die Merkmale nur bei einem Dutzend Händen mit der Wirklichkeit übereinstimmen, könnte man das zufällig nennen, aber da die Deutungen bei vielen tausend Personen immer wieder zutreffen, gilt die Handanalyse als zuverlässig.

Die Beschäftigung mit der Chirologie kann Sie dazu anregen, mit Ihrem Partner oder Ihrer Partnerin über bestimmte Deutungsmöglichkeiten zu diskutieren, und das kann natürlich hilfreich sein, sich gegenseitig besser kennenzulernen. Auch auf Gesellschaften oder Partys bietet die Handdeutung und ihre enormen Möglichkeiten einen interessanten Gesprächsstoff.

So werden Sie Handdeuter

Die meisten Menschen, die sich für Handdeutung interessieren, schauen zunächst nach den Linien der Innenhand. Das aber ist der falsche Weg, wenn man einen Zugang zur ernsthaften Chirologie finden möchte. Niemand würde glauben, nach nur einer Fahrstunde schon die Führerscheinprüfung bestehen zu können. Man muß erst die Verkehrszeichen und -regeln beherrschen und sich mit der Fahrtechnik vertraut machen, um im Straßenverkehr zu bestehen. Bevor man sich der Innenhand widmet, sollte man die Form der Außenhand studieren, sodann den Daumen und schließlich die einzelnen Finger. Das sollte man üben, damit man nicht vorschnell Schlüsse zieht und später dieses Urteil revidieren muß, wenn bestimmte Merkmale neue Erkenntnisse gewinnen lassen. Die wichtigste Prämisse bei der Handdeutung ist genaues Beobachten und das Erfassen von Details.

Im ersten Teil dieses Buches finden Sie eine Anleitung, bestimmte Eigenheiten der Hände zu erkennen, zu deuten und sie in einem größeren Zusammenhang zu sehen. Gewiß werden Sie sich, liebe Leserin und lieber Leser, bei der Lektüre sogleich Gedanken machen, ob und in welchem Maße diese auf alten Erfahrungen beruhenden Deutungen und Erklärungen bestimmter Merkmale auf Sie oder auf andere Personen zutreffen könnten. Doch ich glaube nicht, daß Sie sich gleich am Anfang schon festlegen sollten. Möglicherweise wird man dadurch in der Beobachtung, die ja objektiv und exakt sein soll, verunsichert und abgelenkt, zudem müßte man sich in diesem Falle die im Text verstreuten Hinweise zusammensuchen, um ein brauchbares Charakterbild „aus einem Guß" zu bekommen. Damit Sie sich besser zurechtfinden, sind die Merkmale im zweiten Teil des Buches fortlaufend aufgelistet.

Die Zahlenverweise, die Sie durch den Text geleiten, tragen den Vermerk H, das heißt *Handmerkmal*, und G, was auf das *Gutachten* verweist. Unter der angegebenen Nummer finden Sie im zweiten Teil den entsprechenden erläuternden Abschnitt. Im Deutungstext fehlen alle störenden Hinweise auf die Anzeichen in der Hand. Am besten notieren Sie sich auf einem Zettel fortlaufend die G-Nummern, die Sie herausgefunden haben. Wenn Sie richtig beobachten, bekommen Sie durch die Zusammenstellung, die Sie selbst vornehmen, auch ein gültiges Persönlichkeitsprofil, das sich durch jedes hinzukommende Merkmal verdichtet.

Die sieben planetaren Grundprinzipien der Astrologie in der Chirologie

In der Handdeutung spielen die sieben „Planeten" (Sonne, Mond, Merkur Venus, Mars, Jupiter, Saturn) der klassischen Astrologie und ihre Prinzipien eine wichtige Rolle, insbesondere bei der Bezeichnung der Finger (siehe Abb. 6, S. 33).

Das Prinzip „Jupiter". Der astrologische Jupiter ist der große Harmonisierer. „Jupiter umschreibt in der Astrologie Gesetz, Recht, Religion, Sitte und Moral, Wohlwollen und Güte.
In der Chirologie bedeutet Jupiter vor allem Ehrgeiz und Führungsqualitäten. Dies mag aus der Erkenntnis kommen, daß es einen Zusammenhang zwischen Macht, Einfluß und Selbstverwirklichung gibt.

Das Prinzip „Saturn". Saturn ist der Inbegriff des Materiellen, der Erdenschwere, des Festhaltens an der Realität. In positiver Hinsicht ist das Wesen des „Schicksalsplaneten" Saturn mit Einsicht, Erfahrung, Reife, Pflichterfüllung, Weisheit, Ernst, Konzentration, Ausdauer und Fleiß zu umschreiben. Saturn bedeutet aber auch Pessimismus, Trennung, Mißtrauen, Zermürbung, die großen Prüfungen im Leben, Sorgen und Not, Leid und Hindernisse, Verzögerungen und Erschwerungen.

In der Chirologie ist das Prinzip des Saturn im gleichnamigen Berg, der Erhöhung unter dem Mittelfinger, sowie in diesem selbst zu erkennen. Er ist als der „Saturnfinger" auch der längste und auffälligste, was seiner Bedeutung entspricht.

Das Prinzip „Sonne". Die Sonne symbolisiert im Horoskop die Persönlichkeit des Menschen in geistiger, moralischer und physischer Hinsicht. Sie repräsentiert das Ich, Lebenkraft, Geist, Aktivität und gilt als Machtsymbol.

Der Sonne im Horoskop entspricht Apollo in der Handdeutung im wesentlichen. Doch was Berg und Apollofinger ausdrücken, ist vor allem maßgebend für Kunstliebe, für strahlende Heiterkeit.

Das Prinzip „Merkur“. Das Wesen des Merkur ist die Vermittlung, die Kommunikation. „Merkurisch“ ist in erster Linie der Verstand. Merkur bringt Ordnung in unsere Welt, denn er mißt, wägt und vergleicht.

Das Prinzip „Venus“. Die „Venus in uns“ läßt uns nach Harmonie und Liebe streben, steht für das Verlangen nach Ausgewogenheit, für Form- und Farbensinn, für den Wohlklang des Gesangs und der Musik.

Da chirologisch der Daumen eine Kombination von Venus und Mars darstellt, muß die „Venus in der Hand“ vorwiegend unter dem Aspekt des Sexuellen gesehen werden. Beziehungen zu Kunst, Kultur und Lebensgenuß zeigen sich wohl im Handballen, vor allem aber im Merkurfinger bzw. im Mondberg.

Das Prinzip „Mars“. Mars ist Symbol geballter Männlichkeit und steht für die aufbauende wie für die zerstörende Energie, für Trieb und Drang, Heftigkeit, für den Willen, die Impulse, für Aggression wie Mut zur Entscheidung und Handlungsbereitschaft.

Diese Grundbedeutungen des astrologischen Prinzips Mars finden wir in der Hand, im kleinen und großen Mars- oder Streitberg, zwischen denen die Marsebene liegt, sodann auch im Daumen selbst, der ja etwas über Energie und Triebstärke aussagt.

Das Prinzip „Mond“. Sonne–Mond ist der Gegensatz von Mann und Frau, von plus und minus, aktiv und passiv, zeugen und empfangen. Er ist eine Grundlage des astrologischen Systems.

In der Hand ist das „Mondische“ mehr auf Phantasie und Seelentiefe, auf Sehnsucht und Reisen, auf das „Fernliegende“ zu beziehen. Es gibt den Mondberg, der auf der Seite der Handkante bis an die Handwurzel reicht, Ausdruck für die Beziehung zur Tiefe. Der Venusberg ihm gegenüber beginnt ebenfalls an der untersten Stufe der Hand, bezieht er sich doch auf die uns angeborene Triebhaftigkeit.

I.
Die Bestimmung der Merkmale

Unsere beiden Hände

Betrachten Sie doch einmal Ihre beiden Hände. Sehen Sie einen Unterschied? Rein äußerlich kaum, doch im Gewirr der Linien im Innern der Handteller mit Sicherheit schon. Sie waren nicht immer so. Bei der Geburt sehen beide Hände gleich aus, später entwikkeln sie sich unterschiedlich. Die eine Hand wird mehr beansprucht, sie muß zum Beispiel schreiben lernen. Der Mensch wird zum Rechts- oder Linkshänder, dementsprechend wird die eine Hand zur Arbeitshand, die andere bleibt eher passiv. Bei Rechtshändern zeigt die linke Hand Merkmale der Anlagen. Diese Hand ist unsere Erbhand. Sie zu studieren heißt, sich mit der Herkunft zu beschäftigen, zu erfahren, wer wir sind, woher wir kommen und was wir an hilfreichen oder das Dasein erschwerenden Anlagen mitbekommen haben.

Natürlich entwickeln wir uns, wachsen an den Aufgaben, die uns das Leben stellt. Die aktive Hand zeigt, welche Erfahrungen wir gemacht haben, wo wir momentan stehen und wo unsere Grenzen sind. Die Ausgangslage und die Möglichkeiten für die Zukunft sind jetzt natürlich anders als bei unserer Geburt, daher fallen die Schlüsse, die wir hinsichtlich unserer weiteren Zukunft ziehen können, auch anders aus, je nachdem, welche Hand wir betrachten. Deshalb muß man bei chirologischen Studien stets *beide* Hände untersuchen.

Die Unterschiede betreffen am nachhaltigsten die Linien. Gibt es zum Beispiel in der Rechten eines Rechtshänders einen Bruch in der Lebenslinie, der als eine Krankheitsneigung zu deuten wäre, kann eine gesündere Lebensweise dazu führen, daß diese Bruchstelle „repariert" wird, wie dies auch meistens der Fall ist, wenn man ein schweres Leiden überwunden hat.

Jede chirologische Untersuchung beginnt mit der äußeren Gestalt der Hand, die immer gleichbleibend ist. Sie verkörpert das statische Prinzip unserer Natur. Während die Innenhand auf die intimen Dinge unserer Natur schließen läßt, die der flüchtigen Betrachtung entzogen sind, können wir unsere Außenhand nicht verstecken. Sie gibt uns bereits wesentliche Aufschlüsse über die

Person, denn sie offenbart seelische und geistige Eigenschaften und die Einstellung zum Leben sowie die Handlungsweise.

Studienobjekte der Außenhand sind ihre Form, Größe und Beschaffenheit, sowohl des Handrumpfs wie der Finger, besonders auch der Fingerkuppen mit den Nägeln.

Durch Vergleiche mit anderen Händen finden wir schnell heraus, ob eine Hand schwer oder leicht wirkt oder welche Art Arbeit sie möglicherweise verrichtet. Hände, die unseren eigenen ähneln, sind uns sympathisch. Zu diesen Personen haben wir rasch Zugang. Wenn jedoch der Handtyp ganz anders als unser eigener ist, kann uns ein solcher Mensch verunsichern, vielleicht Rätsel aufgeben, besonders interessieren oder auch unbestimmte Abwehrreaktionen in uns auslösen.

Der Handabdruck

Wenn man die Form einer Hand und der Finger genau betrachtet, beschäftigt man sich eingehend mit den Handlinien. Zweckmäßig wäre es, eine Lupe zu benutzen, um feine Verästelungen erkennen zu können. Da jedoch dieses Studium viel Zeit erfordert und man meist auch in Ruhe über einen Sachverhalt nachdenken und die Linien ausmessen möchte, sollte man sich besser mit einem Abdruck der Hand beschäftigen.

Das bisher übliche Verfahren war, schwarze Farbe (etwa Japan Aqua schwarz) oder Stempelfarbe auf die Handflächen aufzutragen, was einiges Geschick erfordert. Am besten geht es mit einer Gummiwalze, die man vorher eingefärbt hat. Oder man bringt die Farbe zunächst auf ein zu einem Kissen gefaltetes Tuch und drückt dieses dann auf die Innenhand.

Heutzutage kann man aber auch Handabdrücke mit einem Kopiergerät herstellen. Man muß eigentlich nur die Hand leicht auf die Glasplatte legen und den Deckel des Geräts soweit wie möglich schließen. Wahrscheinlich muß man die Helligkeit regulieren. Der Abdruck ist im allgemeinen brauchbar, doch hängt es vom Druck der Hand auf die Unterlage und von der Beschaffenheit der Muskeln ab, ob alle Einzelheiten auch scharf abgebildet werden.

Da man nur durch Übung ein versierter Handleser wird, ist es günstig, sich Notizen anzufertigen, oder sogar ein Formular zu entwerfen (dieses kann dann mehrfach kopiert werden), in welches man sich den Linienverlauf einzeichnet. Außerdem sollte man sich Angaben hinsichtlich der Außenhand notieren und nicht zuletzt auch das komplette Geburtsdatum, falls man einmal ein Horoskop der betreffenden Person erstellt: also Tag, Monat, Jahr und Uhrzeit sowie den Geburtsort.

Die Grundformen der Außenhand

Der Handrumpf

Wir können uns in der Charakterisierung durchaus nach den Erkenntnissen des Naturforschers und Arztes Carl Gustav Carus (1789–1869) richten, dessen Werk von der „Symbolik der menschlichen Gestalt“ zu den grundlegenden Schriften über die Ausdruckskunde zählt. Seine Feststellungen sind später ergänzt und verfeinert worden.

Uns interessiert sowohl der Gesamteindruck wie die Proportionen und die einzelnen Merkmale. Man unterscheidet etwa die feingliedrige von der groben Hand, die bewegliche von der schweren, die lange, schmale von der kurzen, breiten Form.

Die elementare oder einfache Hand (Abb. 1)

H 1 Sie wirkt kurz und breit, dick, zumeist derb, schwerfällig und damit erdhaft. Man bezeichnet eine Hand als breit, wenn der Abstand zwischen den Raszetten, also den Handringen an der Handwurzel, und dem Ansatz der Finger kürzer ist als die Entfernung der beiden Handkanten. Ein Mensch mit solchen Händen wird mehr körperlich als geistig arbeiten, denn seine Kraft will sich körperlich einsetzen, musische Interessen werden kaum verfolgt. Die Finger sind bei dieser Handform meist kürzer als der Handrumpf. Die elementare Hand sagt aus, daß die Person eher langsam in Fahrt kommt und nicht aktiv und unternehmungslustig auftritt. Aber sie kann von ihren Gefühlen beherrscht werden, seien es Wollust, Zorn, Raserei. Ihr Denken ist zu sehr „von dieser Welt", um Idealen zu folgen, ihre Phantasie ist praktisch (**G 1**).

H 1a Wenn sich die Hand fest anfühlt, man merkt das besonders am Handballen, dem „Venusberg", gilt dies als Anzeichen für Vitalität, die nach Bewegung und Ausarbeitung in frischer Luft verlangt (**G 1a**).

H 1b Sehr wichtig ist es festzustellen, ob die Hände einen durchgearbeiteten Eindruck machen (**G 1b**).

H 1c Sind sie dagegen schlaff und verfettet, wird man weder große oder ausdauernde Leistungen noch Mäßigkeit erwarten dürfen (**G 1c**).

Die viereckige (eckige) Hand (Abb. 2)

H 2 Sie ist im Vergleich zur elementaren Form nicht so breit, sondern wirkt gestreckter und feiner. Darin offenbart sich bereits eine andere Grundhaltung: Das Geistige nimmt einen höheren Stellenwert ein. Diese Hand gleicht insgesamt etwa einem Rechteck, wie auch die Form der Fingerkuppen eckig ist. Das gilt auch für den Handrumpf, der kantig wirkt. Auch die Sehnenstränge sind deutlich sichtbar. Vergleicht man die eckige Hand mit der sensiblen Form (H 4), wirkt sie mehr an den Stoff gebunden. Sie

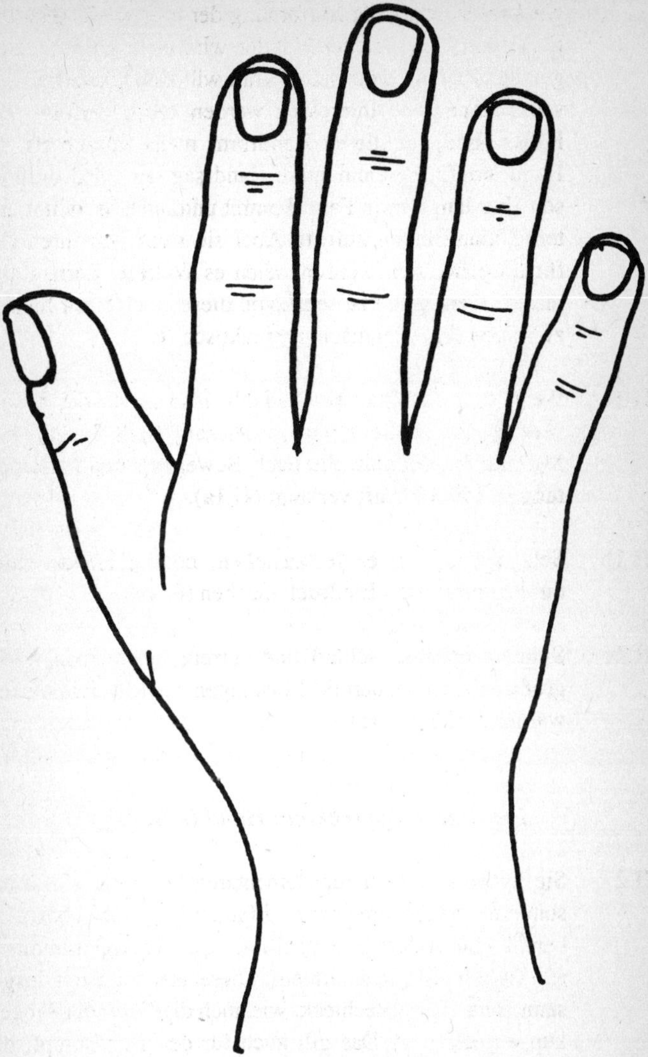

Die elementare Hand
Abb. 1

gehört einem Praktiker, der eine Idee in die Tat umsetzt. Verdickte Fingergelenke weisen auf die Fähigkeit zum logischen Denken hin (**G 2**).

H 2a (**G 2a, H 12a, H 12b**)

H 2b Ein Untertyp der eckigen Form ist die weiche, gerundete Form. Die Fingerkuppen sind kegelförmig. Alle Finger, auch der Daumen, sind glatt, ohne deutliche Knoten, der Fingeransatz geht eher etwas in die Breite (**G 2b**).

Die Spatelhand

H 3 Auf den Begriff des „Spatels“ werden wir noch häufiger kommen. Die Maler verwenden ihn, um Wände zu spachteln: ein flaches, festes Stück Blech, das vorn breit ist und sich zum Handgriff hin verjüngt. Auch die Spatelhand sieht breit aus. Sie hat meistens einen großen Daumen – Kennzeichen des Durchsetzungsvermögens. Die Finger ziehen den Blick auf sich, weil ihre Kuppen eckig, breit, eben spatelförmig sind. Solche Hände findet man bei intelligenten Handwerkern, doch auch bei den Organisatoren industrieller Unternehmungen, denn Spatel sind – auch wenn die Fingernägel diese Form haben – das Zeichen einer unermüdlichen Tatkraft. Menschen mit Spatelhänden sind aufgeschlossen für Anregungen und – anders als Personen mit elementaren Händen – erfüllt vom rastlosen Verlangen, Neues aufzugreifen und zu gestalten. „Spatelhänder“ sind weniger die Chefs als deren Vertraute. Sie rechtfertigen diese Zuwendung durch absolute Treue und Hingabe; sie stehen zu ihrem Wort (**H 3**).

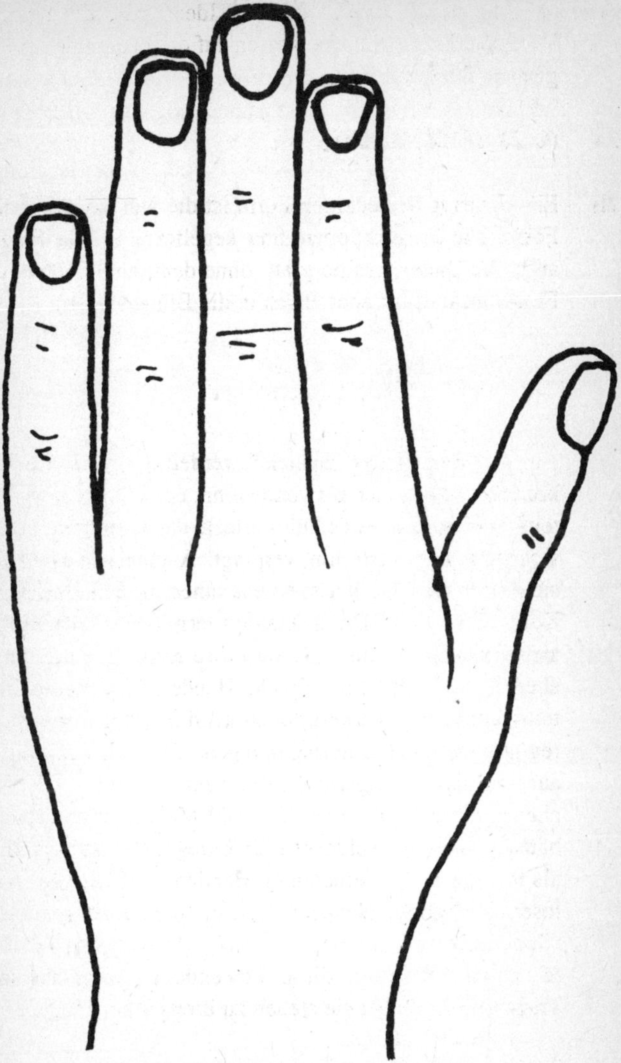

Die viereckige Hand
Abb. 2

Die sensible oder konische Hand

H 4 Man spricht auch von einer „geistigen“ Hand. Sie ist schmal, konisch bis spitz zulaufend, was am Fingerteil besonders auffällt.

Typisch für diese Form ist etwa die bekannte Darstellung von Dürers betenden Händen. Sie wirken ja auch in ihrer Form passiv, empfangend, bereit, sich den überirdischen Einflüssen zu eröffnen. So sehen „fromme“ Hände aus, der Realität entrückt. Hier zeigt sich die Phantasie von anderer Qualität als bei der eckigen Hand. Sie stellt sich als Sehnsucht dar (**G 4**).

Die Denkerhand (Abb. 3)

H 5 Hat die sensible Hand „logische Knoten“, d. h. Verdickungen an den Gelenken, spricht man von einer Denkerhand. (**H 12a, H 12b**). Diese Menschen sind mehr geistig als praktisch veranlagt, jedoch kritisch und mißtrauisch. Es könnten Philosophen-Hände sein (**G 5**).

H 5a Ein kräftig entwickelter Daumen mit großem Nagelglied könnte Energie bedeuten, durch die Ideen in die Wirklichkeit umgesetzt werden (**G 5a**).

H 5b Ist der Daumen jedoch klein oder schwach, ist es nicht die Hand eines Tatmenschen; es bleibt bei einem regen Gedankenleben (**G 5b**).

Die Künstlerhand

H 6 Sie ist spitz zulaufend, wenn auch nicht sehr lang. Vor allem bei glatten Fingern ist die Intuition beträchtlich (**G 6**).

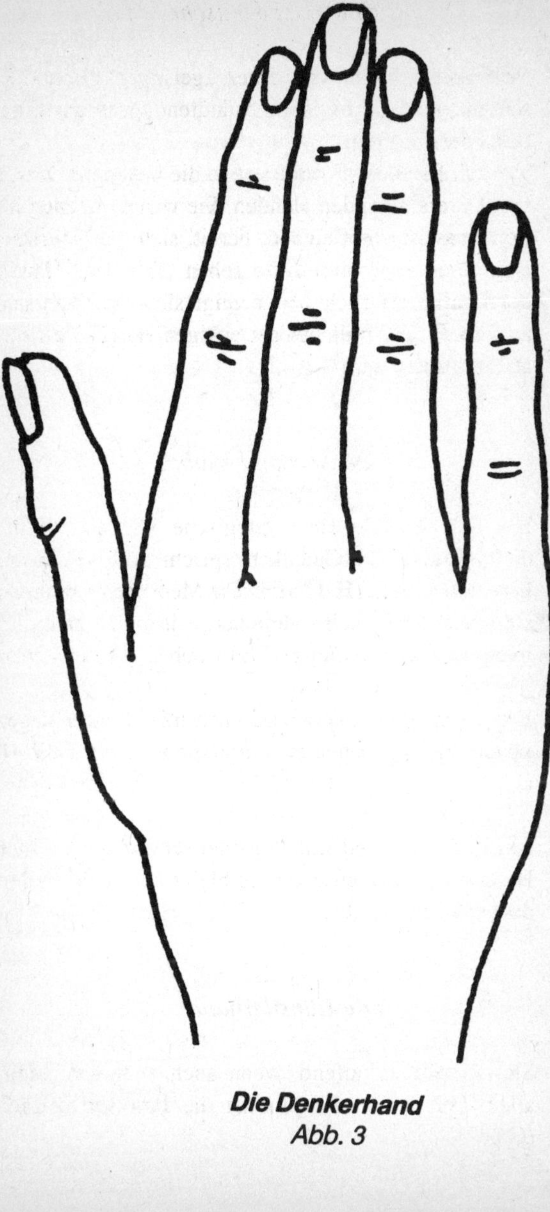

Die Denkerhand

Abb. 3

Die Vergnügungshand (Abb. 4)

H 7a Wenn sie mehr fleischig bis schwammig ist, weist sie auf Genußsucht hin, es ist die Vergnügungshand (**G 7**): Beiden Formen sind die glatten Finger gemeinsam. Sie deuten auf instinktives oder spontanes Reagieren hin. Wenn die knotigen Gedankenfilter fehlen, ist dieser Mensch nicht nur äußeren Eindrücken gegenüber völlig offen, sondern er läßt auch die eigenen Gedanken ungehindert nach außen strömen. Das begünstigt zwar die Kommunikation, schwächt aber die Fähigkeit, sich ein eigenes Urteil zu bilden und den eigenen Äußerungen Gewicht zu geben.

Mischtypen

H 8 Beim Studium von Händen macht man die Beobachtung, daß sich die geschilderten Typen selten in reiner Form finden. Natürlich sind deshalb auch die Deutungen nicht ganz so klar. In diesen Fällen muß man die einzelnen Merkmale genau beachten, z. B. die Fingerspitzen. Ab **G 9** finden Sie typische Eigentümlichkeiten, aus denen man eindeutige Schlüsse ziehen kann (**G 8**).

H 8a Eine Mischform ist die viereckige Hand mit sensiblen Fingern. Die Handfläche ist quadratisch, die Finger jedoch sind wie die der sensiblen Hand (**G 4**) geformt – lang mit gerundeten oder spitzen Kuppen (**G 8a**).

H 9 Sehr wichtig ist die Feststellung, ob die Hände hart sind (**G 9**). Magere Hände sind eher hart als weich, doch gibt es auch fleischige Formen, die sich straff anfühlen. Solche Menschen sind selbst straff und neigen zu Widerstand.

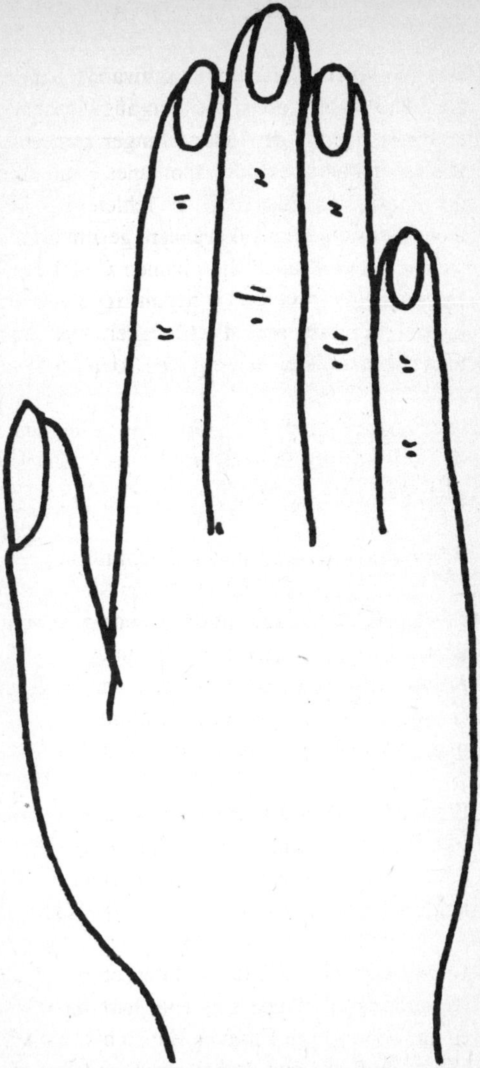

Die Vergnügungshand
Abb. 4

H 10 Das Gegenstück sind die weichen Hände (**G 10**), die sich bei der Vergnügungshand am deutlichsten zeigen. Menschen mit solchen Händen sind sinnlich und sehnen sich nach Zärtlichkeit, sofern nicht andere Merkmale auf hemmungslose Genußgier oder einen Hang zur Brutalität schließen lassen.

H 11 Ein weiteres wichtiges Anzeichen ist die Größe der Hände. Sind sie groß (**G 11a**), können sie nicht so beweglich sein wie kleine, brauchen Ruhe und Zeit. Diese Menschen reagieren langsamer, sind gründlich, daher für ruhige Arbeiten prädestiniert.

H 11b Kleine Hände sind flink, erlauben schnelles Reagieren und sind Anzeichen von großen Gedanken und flotten Reden (**G 11b**).

Die Form der Finger

Das normale Aussehen der Finger: Sie sollen weder dick noch dünn sein, dazu gerade und geschmeidig. Zeige- und Ringfinger sind gleich lang und werden vom Mittelfinger überragt, und zwar etwa um ein Dreiviertel seines Nagelglieds. Der kleine Finger erreicht das Gelenk zwischen Nagel- und mittlerem Glied des Ringfingers (Fingerformen vgl. Abb. 5).

Knotige Finger

H 12 Die Verdickungen an den Fingergelenken, die Knoten, sind keineswegs krankhaft (wie die Gichtknoten), sie sind typisch für Stauungen des Gedankenflusses, für Überlegungen bis hin zu Hemmungen (**G 12**). Man findet sie vorzugsweise am Typ der Denkerhand oder der Künstler-

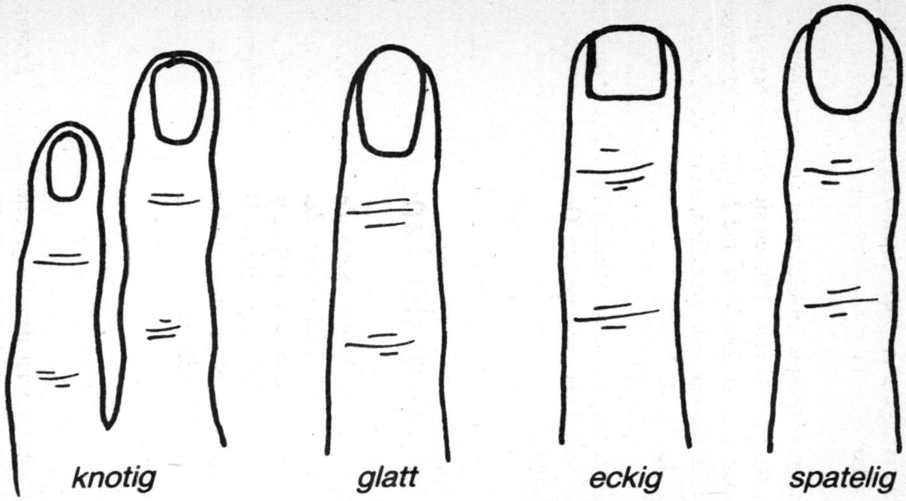

Fingerformen
Abb. 5

hand, jedoch auch an den Mischformen und an der eckigen wie an der Spatelhand.

Man unterscheidet zwei Arten von Knoten:

H 12a Es können die ersten Gelenke knotig verdickt sein. Wenn wir uns die Finger bildlich als Antennen vorstellen, die fremde Gedankenströme aufnehmen, wird deutlich, daß ein solcher Mensch sich nicht ohne weiteres überreden (oder auch verführen) läßt. Was an Gedanken oder Eindrücken auf ihn zukommt, wird er immer kritisch prüfen. Man spricht von „philosophischen Knoten" (**G 12a**).

H 12b Wenn die zweiten Gelenke knotig verdickt sind, liegen die Filter näher am Körper. Das heißt, daß die eigenen Gedanken und besonders die Äußerungen einer Prüfung unterzogen werden. Ein Mensch mit solchen Fingern sagt niemals etwas Unbedachtes. Die Finger eines Schwätzers haben solche Knoten nicht. Man nennt sie die „Knoten der Ordnung" (**G 12b**).

H 12c Sind die Knoten am zweiten Fingergelenk übertrieben ausgeprägt? (**G 12c**).

Glatte Finger

H 13 Die Finger wirken ebenmäßig, sind frei von verdickten Gelenken (**G 13**).

Die Fingerkuppen

H 14 Um sie zu beurteilen, denkt man sich die Seiten der Finger durch Linien verlängert. Bei eckigen Kuppen verlaufen sie etwa parallel, bei spatelförmigen gehen sie auseinander, bei runden oder spitzen schneiden sie sich (**G 14a, b**).

Eckige Fingerkuppe

H 14a Oft ist schwer zu beurteilen, ob eine Fingerkuppe eckig ist, da die Form der Nägel täuschen kann; die Form der Nägel ist nicht maßgebend (**G 14a**). Über Nägel siehe H 101–122.

Gerundete Fingerkuppe

H 14b Die Fingerkuppe ist nicht eckig, sondern eher sanft gerundet (**G 14b**).

Spatelförmige Fingerkuppe

H 15 An einem glatten Finger (**G 15a**).

H 15a An einem knotigen Finger (**G 15a**).

Kegelförmige oder spitze Fingerkuppe

H 16 Je auffälliger gerundet, eiförmig oder gar spitz eine Fingerkuppe ist, um so mehr deutet dies auf eine ideelle Einstellung (**G 16**).

Aus gutem Grund bleiben die Chirologen bei den alten Bezeichnungen der Finger, auch wenn diese etwas romantisch oder „mystisch“ anmuten mögen. Aber zum Beispiel ist der Name „Jupiterfinger“ statt Zeigefinger schon ein Hinweis: Was immer er für Anzeichen aufweist, wird im Sinne des Jupiterprinzips gedeutet. Auch ist jedem Finger ein entsprechender „Berg“ in der Innenhand zugeordnet, bei den folgenden Fingern auch eine zum Berg führende Handlinie: beim Saturnfinger (Mittelfinger), dem Apollofinger (Ringfinger) und beim Merkurfinger (kleiner Finger). Eine Sonderstellung nimmt der Venusfinger (Daumen) mit der Lebenslinie ein.

Der Daumen

Der Daumen ist unverwechselbarer Ausdruck unserer Individualität und unseres Selbstbewußtseins. Kleine Kinder, die sich selbst noch nicht viel zutrauen, verschließen ihn in ihrer Faust. Das tun auch die Epileptiker vor einem Anfall und Sterbende, für die Ehrgeiz und Geltungsbedürfnis nicht mehr zählen.

Der Daumen spiegelt unsere ganze Natur. Isaak Newton, der große Gelehrte, stellte fest: „Mangels anderer Beweise würde mich der Daumen vom Dasein Gottes überzeugen." Denn der Daumen ist das fleischgewordene Sinnbild der inneren, der seelischen Seite des Menschen.

Unter den fünf Fingern nimmt er eine Sonderstellung ein. Vor den Fingern stehend, gleicht er dem Offizier vor der Truppe. Bei den Affen ist er steif, und sie können ihn nicht bewegen.

Der Daumen hat zwei sichtbare Glieder. Obwohl es im Normalfall scheint, als ob sie gleich lang wären, ist das erste Glied tatsächlich ein wenig kürzer. Dem Nagelglied wird in der Deutung der Wille zugesprochen, das Mittelglied steht für den Verstand. So können wir aus dem Verhältnis der beiden Glieder schon wesentliche Schlußfolgerungen ziehen, wie Wille und Vernunft, also das logische Denken, zusammenpassen. Das dritte Daumenglied steckt im Handballen, dem „Venusberg", der über die Gefühlswärme Aufschluß gibt.

H 17 Ist das Nagelglied betont, also etwa größer als das Mittelglied (**G 17**)?

H 18 Ist das Mittelglied länger, auffälliger, etwas stärker entwickelt als das Nagelglied (**G 18**)?

H 19 Ist Ihr Daumen klein oder verkümmert, schmal, unauffällig (**G 19**)?

H 20 Ist der Daumen insgesamt groß, etwa durch seine Länge und/oder durch die Stärke auffallend (**G 20**)?

H 21 Könnte man den Daumen am ehesten als lang, breit und gerade bezeichnen (**G 21**)?

H 22 Oder halten Sie ihn für kurz, breit und dick (**G 22**)?

H 23 Oder ist Ihr Daumen kurz und konisch zulaufend (**G 23**)?

H 24 Oder ist er lang, schmal und gerade (**G 24**)?

H 25 Ist das Nagelglied kugelförmig (**G 25**)?

H 26 Oder kann man das Nagelglied als spatelförmig bezeichnen (**G 26**)?

H 27 Würden Sie den Daumen als flach bezeichnen (**G 27**)?

H 28 Macht der Daumen einen starren Eindruck (**G 28**)?

H 29 Oder ist er biegsam (**G 29**)?

H 29a Hat er außerdem noch ein kleines Nagelglied (**G 29a**)?

H 29b Ist der Daumen biegsam, und hat er einen fleischigen Ballen (**G 29b**)?

H 30 Ist das mittlere Daumenglied tailliert, d. h. leicht eingebuchtet (**G 30**)?

H 31 Sind die Fingernägel lang und schmal (**G 31**)?

H 32 Oder sind sie kurz (**G 32**)?

H 33 Sind die Fingernägel nicht nur kurz, sondern auch breit (**G 33**)?

H 34 Sind die Finger lang? Im allgemeinen heißt „lang“, daß sie 4/5 der Länge der Handfläche messen (**G 34**).

H 35 Sind die Finger kurz? Man bezeichnet sie als kurz, wenn sie etwa nur dreiviertel der Länge der Handfläche messen (**G 35**).

Zeichen auf Bergen und Fingern

Abb. 6 zeigt die Berge der Hand. Sollten die Muskeln verschoben sein, etwa daß der Berg unter dem Jupiterfinger (dem Zeigefinger) sich als deutliche verschobene Schwellung gegen den Saturnfinger (Zeigefinger) hin zeigt, wird er trotzdem dem jeweiligen Finger zugeordnet, man muß lediglich darauf achten, daß man eventuelle Zeichen, seien es Striche, Kreuze oder ähnliches, dem richtigen Berg zuordnet. Solche Zeichen können sein:
- senkrechte Striche, sie betonen die Bedeutung des jeweiligen Berges
- das Viereck bietet Schutz, Ausgleich, ist günstig
- das Dreieck ist in jedem Fall fördernd, besonders in geistiger Hinsicht
- ein Kreis kann schlecht und gefährlich sein, außer auf dem Jupiter- und dem Merkurberg
- die Insel gilt als ungünstig; Verletzungsgefahr
- ein Kreuz bedeutet eine Verstärkung des Schlechten
- ein Stern ist eine noch ausgeprägtere negative Verstärkung, auf Jupiter und Merkur jedoch eher günstig.

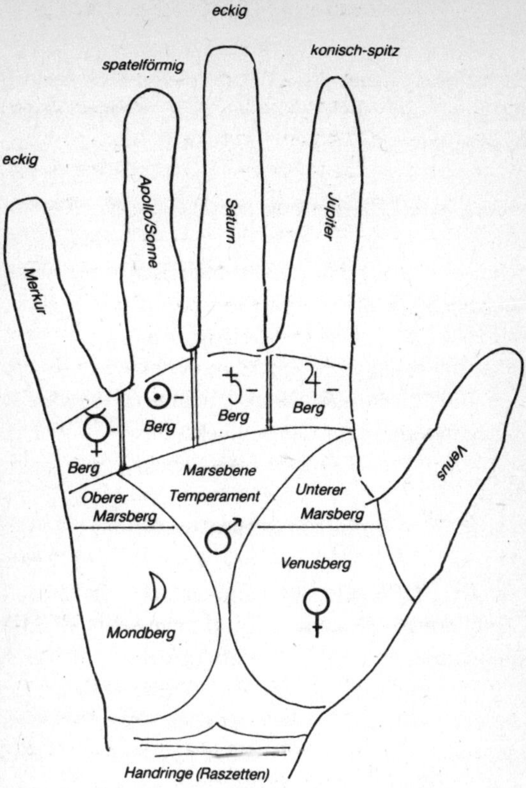

☿ ***Merkurberg:***
Klugheit
Beredsamkeit
Fleiß
Einfühlung

☉ ***Apolloberg:***
Kunstsinn
Heiterkeit

♄ ***Saturnberg:***
Weisheit
Mäßigkeit
Materielle Bindung

♂ ***Oberer Marsberg:***
Mut
Stehvermögen

Unterer Marsberg:
Angriffslust

☽ ***Mondberg:***
Phantasie
Reiselust
Mystik

♃ ***Jupiterberg:***
Ehrgeiz
Führereigenschaften
Machtstreben
Religiosität

♀ ***Venusberg:***
Leidenschaften
Sinnlichkeit
Anmut
Harmonie

Die Berge der Hand
Abb. 6

Die Entstehung der Berge wird wesentlich auf die Gehirntätigkeit zurückgeführt. Im Vergleich zur linken Hand lassen die Berge der rechten, der Arbeitshand, erkennen, was ein Mensch bisher aus sich gemacht hat und was er noch aus sich machen kann, wenn er seiner Begabung folgt.

H 37 Jeder Berg kann stark ausgeprägt sein (**G 37**),

H 38 oder er ist nur schwach, vielleicht sogar nur vertieft vorhanden (**G 38**).

H 39 Die Schwellung muß nicht in dem Gebiet liegen, wohin der Berg eigentlich gehört. Er kann verschoben sein; das ist sehr wichtig für die Deutung (**G 39**).

Der Jupiterfinger und sein Berg

H 40 Im Berg unterhalb des Zeigefingers verkörpert sich das „Jupiterprinzip" augenfällig. Daher nennt man ihn auch den Jupiterberg oder den „Berg des Ehrgeizes" (**G 40**).

H 41 Ist der Berg stark ausgeprägt oder – was dasselbe Ergebnis hätte – trägt er ein Kreuz, einen Stern oder senkrechte Linien (**G 41**)?

H 42 Ist der Berg übertrieben stark ausgeprägt oder trägt er gar noch Quadrate oder Gitterlinien (**G 42**)?

H 43 Ist ein einzelnes Viereck vorhanden (**G 43**)?

Prüfen Sie nunmehr, ob und wie lang der Zeigefinger, also der Jupiterfinger, ist, und zwar im Vergleich zum Mittelfinger (Saturn) und zum Ringfinger (Merkur)!

H 44 Ist der Zeigefinger (Jupiter) ebenso lang oder gar länger als der Mittelfinger (Saturn)? Das entspräche einem zu auffallenden Jupiterberg (**G 44**).

H 45 Der Zeigefinger ist länger als der Ringfinger (Merkurfinger) (**G 45**).

H 46 Der Ringfinger ist länger als der Zeigefinger (**G 46**).

H 47 Wenn Sie die geschlossene, ausgestreckte Hand ansehen: Zwischen Zeige- und Mittelfinger gibt es eine Lücke (**G 47**).

H 48 Legen Sie die Hand flach auf den Tisch, und spreizen Sie die Finger auseinander! Von Natur aus sind die Fingerabstände etwas ungleich. Der Abstand zwischen Zeige- und Mittelfinger ist auffallend weit (**G 48**).

H 49 Der Zeigefinger ändert als einziger seine Richtung. Er neigt sich dem Mittelfinger zu (**G 49**).

Der Saturnfinger und sein Berg

H 50 Im Berg unterhalb des Mittelfingers sowie in diesem selbst verkörpert sich das „Saturnprinzip“ (**G 50**). Der Saturnberg ist deutlich sichtbar, d. h. normal entwickelt.

H 51 Der Saturnberg ist sehr stark ausgeprägt (**G 51**).

H 52 Statt eines Berges ist hier ein Tal (**G 52**).

H 53 Auf dem Berg ist eine senkrechte Linie, die aber nicht das Ende der Schicksalslinie darstellt (**G 53**).

H 54 Der Berg hat ein Kreuz oder einen Stern (**G 541**).

H 55 Auf dem Saturnberg sind Quadrate oder Gitterlinien (**G 55**).

H 56 Der Mittelfinger ist leicht gekrümmt (**G 56**).

H 57 Der Mittelfinger neigt sich zum Zeigefinger (**G 57**).

H 58 Der Mittelfinger neigt sich zum Ringfinger (**G 58**).

H 59 Zwischen Mittelfinger und Ringfinger ist bei aneinandergelegten Fingern eine Lücke zu sehen (**G 59**).

H 60 Der Mittelfinger ist auffallend lang (**G 60**).

H 61 Der Mittelfinger ist auffallend kurz (**G 61**).

Der Apollofinger und sein Berg

Im Berg unterhalb des Ringfingers (oder Apollo- bzw. Sonnenfingers) verkörpert sich das „Sonnenprinzip“.

H 62 Der Apolloberg ist gut entwickelt (**G 62**).

H 63 Der Apolloberg ist auffallend stark ausgeprägt und/oder hat mehrere senkrechte Linien (**G 63**).

H 63a Wie H 63, jedoch verstärkt durch Kreuz oder Stern (**G 63a**).

H 64 Auf dem Berg sind zwei senkrechte Linien (**G 64**).

H 65 Eine übertrieben starke Ausprägung des Apolloberges (**G 65**).

H 66 Eine oder mehrere Querlinien und/oder Quadrate bzw. Gitterlinien auf dem Apolloberg (**G 66**).

H 67 Es ist eine Lücke zwischen Ring- und kleinem Finger, wenn Sie die Finger aneinanderlegen (**G 67**).

H 68 Legen Sie die Hand flach auf den Tisch und spreizen die Finger, so ist zwischen Ring- und kleinem Finger ein deutlicher Abstand (**G 68**).

H 69 Der Ringfinger neigt sich zum kleinen Finger (**G 69**).

Der Merkurfinger und sein Berg

Im Merkurberg unterhalb des kleinen Fingers wie in diesem selbst manifestiert sich am deutlichsten das „Merkurprinzip".

H 70 Der Merkurberg ist gut entwickelt. Es ist der „Erwerbsberg" (**G 70**).

H 71 Der Merkurberg ist stark ausgeprägt. Achtung: Ob das Urteil über den Merkurberg positiv ausfällt, hängt von der Beschaffenheit der ganzen Hand ab: Sind Anlagen zu moralischem Verhalten gegeben? Vgl. Daumen, Zeigefinger, besonders auch bei langem Nagelglied (**G 71**).

H 71a Wie H 71, jedoch negativ bewertet, etwa bei verdrehten Fingern, kleinem Daumen, zu schwammiger Hand (**G 71a**).

H 72 Der Merkurberg wird durch ein Kreuz bzw. noch mehr durch einen Stern verstärkt (**G 72**).

H 73 Der Merkurberg ist schwach entwickelt. Senkrechte Linien furchen den Berg (**G 73**).

H 74 Der Merkurberg hat Gitterfiguren oder Quadrate (**G 74**).

H 75 Der kleine Finger ist recht lang (**G 75**).

H 76 Der kleine Finger ist ganz ungewöhnlich lang (**G 76**).

H 77 Der kleine Finger ist außergewöhnlich kurz (**G 77**).

Der Marsberg

Im großen oberen Marsberg wie im kleinen unteren zeigt sich das „Marsprinzip".

H 78 Der Marsberg ist deutlich entwickelt, was auch für die Marslinie gilt, die Schwesterlinie der Lebenslinie. Man kombiniere mit der Beschaffenheit des Daumens! Ein starker Daumen betont das marsische Prinzip (**G 78**).

H 79 Allzu ausgeprägte Marsberge, auch mit Liniengewirr oder mit Kreuz und Stern (**G 79**).

H 80 Die Marsebene zwischen den beiden Marsbergen ist hohl (**G 80**).

H 81 Die Marsebene ist flach (**G 81**).

H 82 Die Marsebene ist erhaben und/oder zeigt viele kleine rote Linien (**G 82**).

Der Venusberg

In der Region des Handballens, im Venusberg oder dem Berg der Leidenschaften, wie in der ihn umgebenden Lebenslinie, manifestiert sich das „Venusprinzip" am deutlichsten.

H 83 Der Daumenballen unterhalb des Daumengelenks ist schön entwickelt, nicht zu weich, nicht zu fest, hat nur wenige Querfurchen (**G 83**).

H 84 Der Venusberg ist stark entwickelt und/oder hat Längs- und Querfurchen. Eine positive Auslegung ist möglich. wenn die Kopf- und Herzlinie Disziplin verraten (**G 84**).

H 85 Der Venusberg ist weich und der Daumen klein (**G 85**).

Der Mondberg

Im Mondberg, dem „Berg der Launen", offenbart sich das „Mondprinzip" nachhaltig.

H 86 Die Region gegenüber der Daumenwurzel ist ausgeprägt, fleischig fest. Ein kräftiger Daumen ermöglicht eine positive Bewertung (**G 86**).

H 87 Der Mondberg ist übertrieben stark ausgeprägt oder zeigt ein Kreuz oder einen Stern (**G 87**).

H 88 Starke Linien auf dem Mondberg (**G 88**).

Besonderheiten der Nägel

Was über die Länge und Breite unter **G 31, G 32, G 33** gesagt wird, gilt für die Nägel auf allen Fingern.

H 101 Der Nagel ist halblang und sieht fast eckig aus (**G 101**).

H 102 Die Nägel sind sehr kurz (**G 102**).

H 103 Die Nägel sind sehr kurz und breit. Ja, man hat den Eindruck, daß sie sogar breiter als lang sind (**G 103**).

H 104 Die Nägel sind eng (**G 104**).

H 105 Die Nägel sind trapezförmig. Sie sind oben am Fingerrand breiter als unten am Nagelmond (**G 105**).

H 105a Die Nägel sind trapezförmig, doch liegt die Breite unten am Nagelbett (**G 105a**).

H 106 Die Nägel haben eine dreieckige Form, wobei die Breite oben am Fingerende liegt (**G 106**).

H 107 Die Nägel sind rund und breit (**G 107**).

H 108 Die Nägel sind flach (**G 108**).

H 109 Die Nägel sind flach und außerdem noch breit (**G 109**).

H 110 Die Nägel sind konvex gewölbt, sie haben die Form eines Uhrglases (**G 110**).

H 111 Ähnlich wie (**G 110**), jedoch erinnert das Aussehen an eine Kralle (**G 111**).

H 112 Die Nägel sind hart (**G 112**).

H 113 Die Nägel sind weich (**G 113**).

H 114 Die Nägel sind trocken und brüchig (**G 114**).

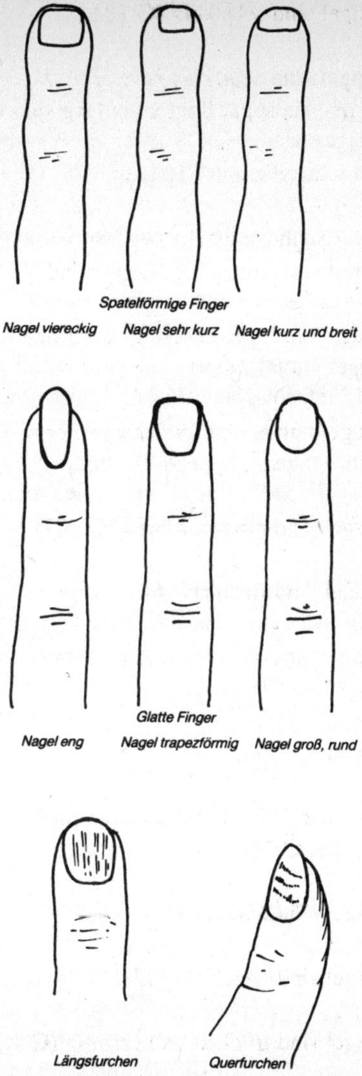

Besonderheiten der Nägel
Abb. 7

H 115 Die Nägel sind dick (**G 115**).

H 116 Die Nägel wirken rot (**G 116**).

H 117 Die Nägel haben eine blasse, unbestimmbare Farbe und wirken matt. Sie sehen unschön aus. (**G 117**).

H 118 Auf den Nägeln zeigen sich Querfurchen (**G 118**).

H 119 Die Nägel haben Längsfurchen (**G 119**).

H 120 Die Nagelmonde sollen im Normalfall ein Sechstel bis ein Fünftel der Nagelfläche einnehmen. In diesem Fall sind sie zu klein oder fehlen ganz (**G 120**).

H 121 Die Nagelmonde sind zu groß, sie nehmen mehr als ein Fünftel der Fläche ein (**G 121**).

H 122 Weiße oder schwarze Punkte (Flecken) auf den Nägeln (**G 122**). Man hielt sie früher für Glückszeichen, doch es sind Hinweise, daß gesundheitliche Störungen vorgelegen haben.

Die Handlinien

Die Lebenslinie (lat. Vitalis)

Grundbedeutung: Gesundheit und Lebenskraft, besonders auch sexuelle Vitalität, erotisch bedingte Kreativität.

Chiromantische Bedeutung: Anfang und Ende des Lebens, Gefahren und Risiken, die Linie des Temperaments; persönliche und finanzielle Erfolge.

Normaler Verlauf: Die Lebenslinie beginnt zwischen Daumen

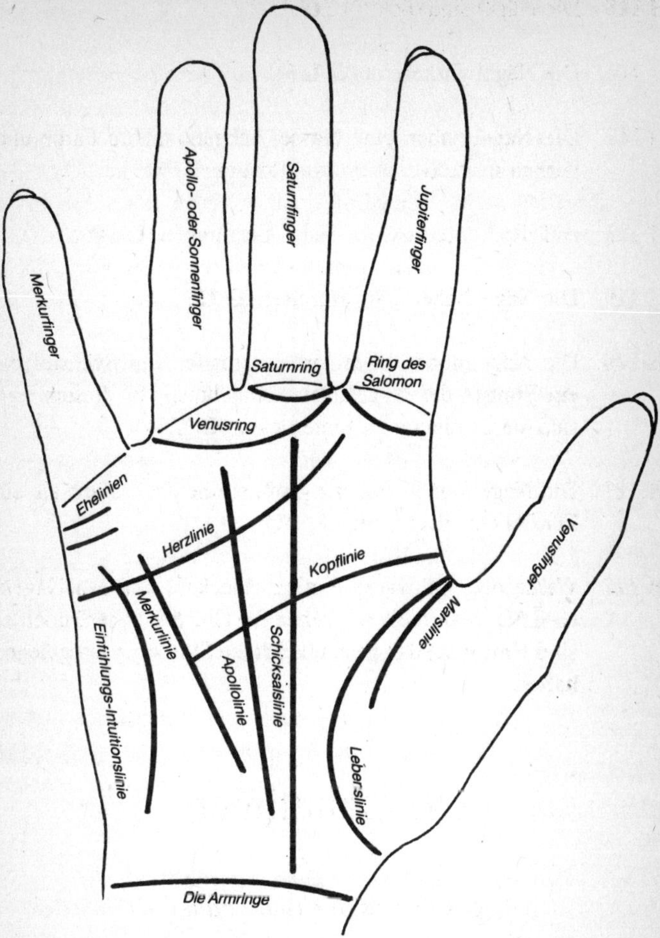

Die Handlinien
Abb. 8

und Zeigefinger und umschließt den Handballen, den Venushügel. Den Anfang findet man, wenn man eine Gerade längs der Mitte des Zeigefingers zieht. Sie endet unterhalb der Daumenwurzel.

Die Messung der Linie: Man denke sich eine Gerade durch die Mitte des Zeigefingers über den Handballen gezogen. (Lineal anlegen!) Man markiere einen Punkt in der Höhe der Mitte der gegenüberliegenden Handkante. Eine Verbindungslinie dahin schneidet die Lebenslinie etwa im 50. Lebensjahr. Die jeweils von der Mitte der Finger ausgehenden Linien schneiden die Lebenslinie im 10., 20., 30., 40., 50., 60., 70. und 80. Jahr (vgl. Abb. 9).

H 201 Die Lebenslinie ist am Anfang mit der Kopflinie verbunden (**G 201**).

H 202 Die Lebenslinie ist am Anfang von der Kopflinie getrennt (**G 202**).

H 203 Lebenslinie und Kopflinie sind durch Äste kettenartig verbunden (**G 203**).

H 204 Das Ende läuft langsam aus (**G 204**).

H 205 Plötzlicher Abbruch, eventuell auch durch einen kleinen Querstrich angezeigt. Eine wirklich gültige Aussage erfordert aber, daß dieses Zeichen in beiden Händen zu finden ist (**G 205**).

H 206 Von der Lebenslinie zweigen Äste nach oben gegen den Zeigefinger hin ab. Beachten Sie das ungefähre Lebensalter, in dem das angezeigt ist (**G 206**).

H 207 Äste, die abwärts, gegen die Handwurzel hin gerichtet sind (**G 207**).

H 208 Eine Querlinie vom Venusberg durchschneidet die Lebenslinie (**G 208**).

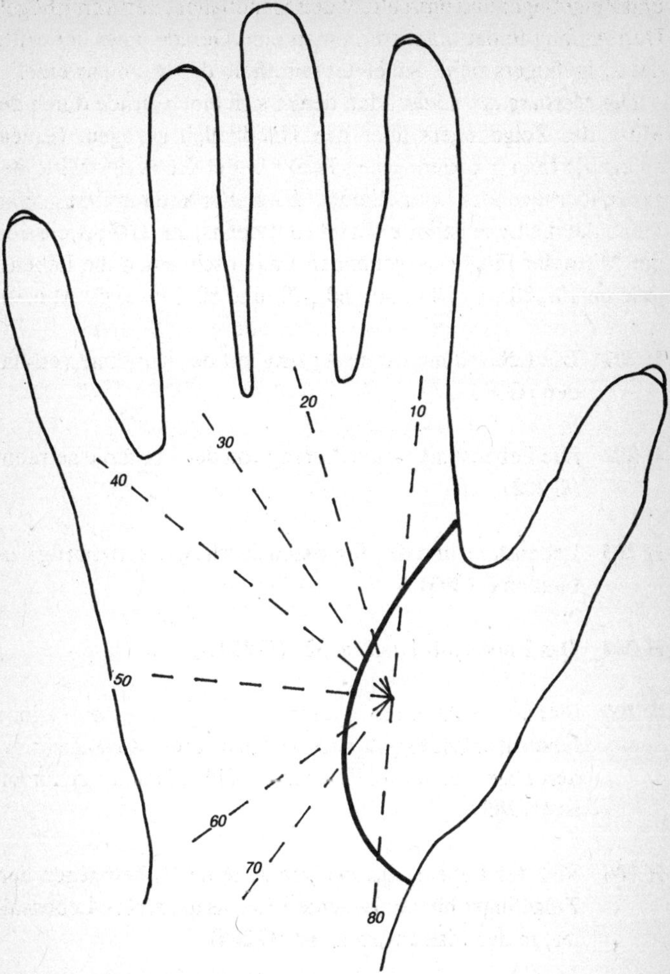

Die Lebenslinie
Abb. 9

H 209 Etliche kleine Linien kreuzen oder durchschneiden die Lebenslinie (**G 209**).

H 210 Im Verlauf der Lebenslinie gibt es einen Bruch (das Jahr beachten! **G 210**).

H 211 Es tritt eine Verdopplung der Lebenslinie auf (sog. Lebensschwesterlinie). Sehr gut, wenn dies an einer Bruchstelle geschieht, der Bruch also „repariert" wird (**G 211**).

H 212 Innerhalb der Lebenslinie bildet sich eine „Insel" (**G 212**).

H 213 In der Lebenslinie liegt ein tiefer Punkt oder ein Kreuz (**G 213**).

H 214 Die Lebenslinie ist tief und klar gezeichnet (**G 214**).

H 215 Die Lebenslinie ist dünn oder kettig (**G 215**).

Die Kopflinie (lat. Cerebralis)

Grundbedeutung: Sie betrifft Kopf und Nerven; daher auch die Richtung der Gedanken, was die geistige Verfassung anbelangt.

Chiromantische Bedeutung: Geistige Gesundheit, Verletzungen, Hinweise auf die Lebensdauer (ob kurze oder lange Kopflinie).

Normaler Verlauf: Die Kopflinie beginnt im kleinen Marsberg, also unter dem Jupiterberg, und endet zwischen Mars- und Mondberg.

Die Messung der Linie: Von der Mitte einer jeden Fingerwurzel und von jedem Zwischenraum zwischen den Fingern zieht man senkrechte Linien auf die Kopflinie. Die erste Senkrechte bezeichnet von der Mitte des Zeigefingers das 10. Lebensjahr, die Senkrechte zwischen Zeige- und Mittelfinger weist auf das 20. Lebensjahr usw. (vgl. Abb. 10).

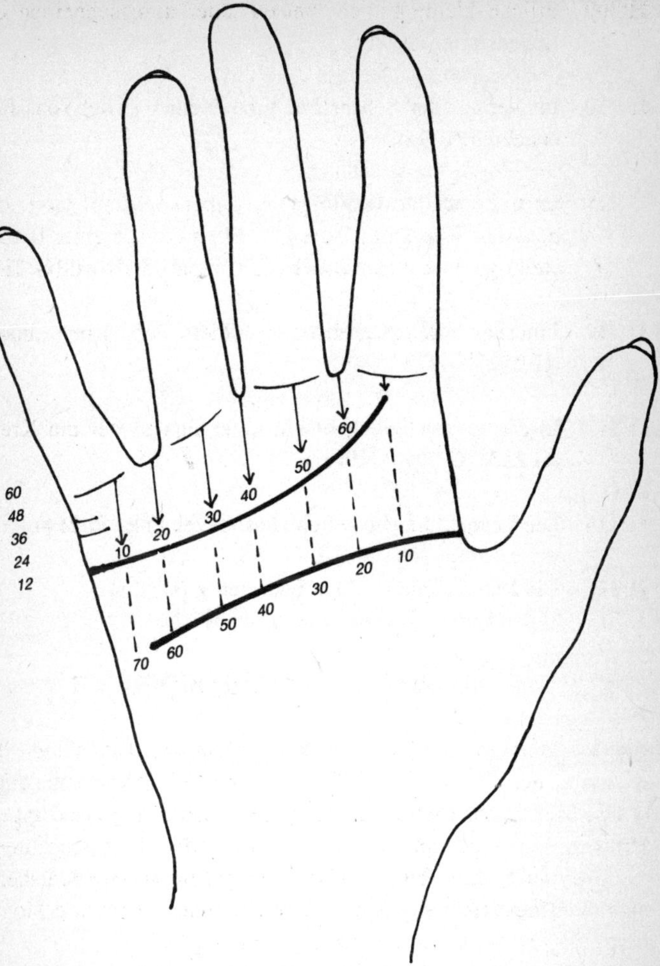

Die Kopflinie
Abb. 10

H 301 Die Kopflinie ist gut gezeichnet und lang (**G 301**).

H 302 Die Kopflinie ist extrem lang und reicht von einem Rand der Hand bis an den nächsten (**G 302**).

H 303 Die Kopflinie ist sehr kurz (auch auf die Länge der Lebenslinie achten! **G 303**).

H 304 Die Kopflinie verläuft wellenförmig (**G 304**).

H 305 Kopflinie und Lebenslinie laufen am Beginn zusammen (**G 305, G 201**).

H 306 Kopflinie und Lebenslinie sind am Beginn voneinander getrennt (**G 306, G202**).

H 307 Kopflinie und Lebenslinie sind am Beginn kettig miteinander verbunden (**G 307, G 203**).

H 308 In der Kopflinie gibt es einen deutlichen Bruch (**G 308**).

H 309 Die Kopflinie endet im Saturnberg (**G 309**).

H 310 Die Kopflinie endet im oberen Mondberg (**G 310**).

H 311 Die Kopflinie endet im unteren Mondberg (**G 311**).

H 312 In der Kopflinie finden sich sehr tiefe Punkte, Inseln, Kreuze (Jahre beachten! **G 312**).

H 313 Kopflinie und Herzlinie laufen vom Anfang bis zum Ende zusammen, so daß es nur eine Linie gibt (**G 313**).

H 314 Wie (**G 312**), jedoch in beiden Händen. Die Kopflinie gabelt sich frühzeitig, und ein Ast zweigt in den Mondberg ab (**G 314**).

Grundbedeutung: Die Herzlinie gibt sowohl Hinweise auf die Herztätigkeit als auch solche über die Gefühlsempfindlichkeit und über die Kreativität. Die Liebeskraft im Geistigen/Herzlichen ist von der sexuell/triebhaften (**H 200**) genau zu unterscheiden. Daher sagt die Herzlinie etwas über Freundschaften und Treue aus.

Normaler Verlauf: Die Herzlinie beginnt am äußeren Handrand und verläuft quer durch die ganze Handfläche in einer leicht konkaven Biegung zum unteren Handraum hin und endet an bzw. zwischen den Handbergen zumeist im Jupiterberg.

Die Messung der Linie: Man zieht senkrechte Linien, beginnend von der Mitte des kleinen Fingers aus und von den Zwischenräumen auf die Herzlinie. Die Durchschnittspunkte ergeben das 10., 20., 30. Lebensjahr usw. (vgl. Abb. 10).

H 401 Die Herzlinie ist sehr breit, auch rötlich gefärbt (**G 401**).

H 402 Die Herzlinie ist schmal bzw. dünn und/oder gerade (**G 402**).

H 403 Die Herzlinie ist zu lang, sie geht von einem Handrand zum anderen (**G 403**).

H 404 Die Herzlinie neigt sich an ihrem Ende der Lebenslinie zu (**G 404**).

H 405 Die Herzlinie endet im Saturnberg (**G 405**).

H 406 Die Herzlinie ist ungewöhnlich kurz (**G 406**).

H 407 Die Herzlinie ist kettenförmig (**G 407**).

H 408 Die Herzlinie ist voller Äste und Zweige bzw. zeigt eine Unmenge feiner Haarlinien (**G 408**).

H 409 Die Herzlinie ist völlig glatt, hat weder Äste noch Biegung (**G 409**).

H 410 Auf der Herzlinie fallen tiefe Punkte oder Querstriche auf (**G 410**).

H 411 Die Herzlinie weist einen sehr tiefen Punkt auf. (Das Jahr feststellen! **G 411**).

H 412 In der Herzlinie liegen eine oder mehrere Inseln (Jahre beachten! **G 412**).

H 413 In der Herzlinie ist ein Bruch (**G 413**).

H 414 Äste, die nach hinten gehen (**G 414**).

H 415 Die Herzlinie gabelt sich in der zweiten Hälfte bzw. gegen das Ende zu (**G 415**).

Die Schicksalslinie (Saturnlinie)

Grundbedeutung: Wie die anderen vertikalen Linien (Apollo- oder Merkurlinie) muß man sie nicht haben. Oft ist die Saturnlinie auch nur kurz oder bruchstückhaft vorhanden. Das ist ebensowenig ein Mangel wie deren Fehlen. Je deutlicher, glatter und tiefer sie ausgeprägt ist, um so mehr ist der Mensch an sein Schicksal gebunden. Vereinfacht: Eine deutliche Schicksalslinie ist Anzeichen dafür, daß man etwas für sein Leben tun muß, z. B. mehr oder weniger schwer arbeiten. Man ist von den Existenzbedingungen mit ihren vielfachen Zwängen abhängiger. Anders gesagt: Fehlt diese Linie oder hört sie auf, erlischt auch der Zwang zum intensiven Tun. Insofern läßt eine „Saturnlinie" Schlüsse auf die Umstände zu, die unser Leben bestimmen.

Die Schicksalslinie zeigt einschneidende Ereignisse oder Veränderungen, etwa Berufs- oder Stellenwechsel, hat aber auch Bezug

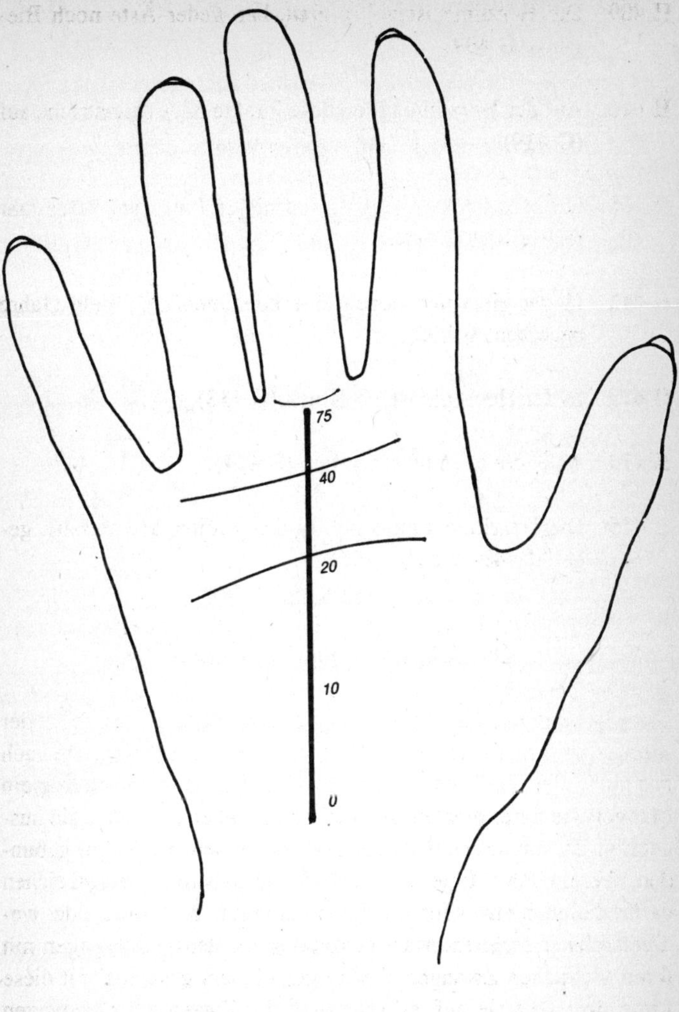

Die Schicksalslinie
Abb. 11

auf ganz persönliche oder familiäre Angelegenheiten. Da die Handlinien das Produkt von Denk- oder Gefühlsprozessen sind, sollte man die entsprechenden Ereignisse auch unter einem geistigen Aspekt sehen. Das heißt aber auch, daß man den vorgegebenen Ereignistendenzen gemäß unserer Wahlfreiheit entgegentreten kann.

H 501 Die Schicksalslinie beginnt in den Handringen (**G 501**).

H 502 Die Schicksalslinie beginnt am Anfang der Lebenslinie (**G 502**).

H 503 Die Schicksalslinie hat ihren Anfang im Mondberg (**G 503**).

H 504 Die Schicksalslinie fehlt am Anfang ganz. (Lebensjahre beachten, wann die Linie einsetzt! **G 504**.)

H 505 Die Schicksalslinie fehlt völlig (**G 505**).

H 506 Die Schicksalslinie endet im Saturnberg (**G 506**).

H 506a Sie geht bis in den Saturnfinger (**G 506a**).

H 507 Die Schicksalslinie endet im Jupiterberg oder verzweigt dahin (**G 507**).

H 508 Die Schicksalslinie endet im Apolloberg (**G 508**).

H 509 Die Schicksalslinie ist gebrochen, d. h. in mehrere Teile zerrissen (**G 509**).

H 510 Die Schicksalslinie verläuft wellenförmig (**G 510**).

H 511 Die Schicksalslinie ist nicht glatt, sondern kettenförmig (**G 511**).

H 512 Zeitweise (die Jahre bestimmen!) ist die Schicksalslinie verdoppelt (**G 512**).

H 513 Die Schicksalslinie ist unterbrochen. Sie setzt sich seitlich verschoben fort (**G 513**).

H 514 Durch die Schicksalslinie gehen Querschnitte, und zwar von der Kopflinie her (**G 514**).

H 514a Wie H,G 514a, jedoch Querschnitte von der Herzlinie her (**G 514a**).

H 515 Von der Schicksalslinie steigen Äste gegen die Finger zu auf (**G 515**).

H 516 Äste steigen ab, sind also gegen die Handwurzel gerichtet (**G 516**).

H 517 Quer über die Schicksalslinie liegt ein Kreuz oder Stern (**G 517**).

H 518 In der Schicksalslinie liegt eine Insel (**G 518**).

H 519 Am Ende der Schicksalslinie, besonders am Saturnberg, liegt ein Gitter oder Quadrat (**G 519**).

H 520 Die Schicksalslinie verzweigt sich am Ende. Das verspricht Erfolg, wobei dieser um so größer ist, je mehr Zweige vorliegen. Die Art des Erfolgs richtet sich nach der Art des Berges (**G 520, G 506, G 507, G 508**).

Die Apollo- oder Sonnenlinie

Grundbedeutung: Sie zeigt das Maß der inneren Befriedigung oder des Glücks durch künstlerische oder kulturelle Tätigkeiten an, nicht unbedingt gebunden an den gesellschaftlichen Stand, den jemand hat. Aber sie weist auch auf eine „glückliche Hand" hin (**A 3**, **A 1**).

Wenn die Apollolinie fehlt, vermögen anderweitig angezeigte Talente oder Anlagen nicht zu einer echten inneren Befriedigung zu führen.

Chiromantische Bedeutung: Erfolg und Ehre, Geld, Erbschaft, Gunst.

Messung der Linie: Wie bei der Schicksalslinie: Der Schnittpunkt mit der Kopflinie bedeutet das 20., der Schnittpunkt mit der Herzlinie das 40. Lebensjahr, am Finger liegt dann etwa das 75. Jahr.

H 601 Die Apollolinie beginnt in der Handwurzel oder in der Lebenslinie (**G 601**).

H 602 Die Apollolinie beginnt an den Armringen und endet im ersten Fingerglied des Apollofingers, sie ist also ungewöhnlich lang (**G 602**).

H 603 Die Apollolinie fängt im Mondberg an (**G 603**).

H 604 Die Apollolinie beginnt in der Schicksalslinie (**G 604**).

H 605 Die Apollolinie ist anfangs in etliche Stücke zerrissen (**G 605**).

H 606 Sie beginnt in der Marsebene (**G 606**).

H 607 Die Apollolinie hat ihren Anfang in der Kopflinie (**G 607**).

H 608 Die Apollolinie ist kurz (**G 608**).

H 609 Die Hauptlinie ist auf einem Abschnitt verdoppelt (**G 609**).

H 610 Die Apollolinie ist klar gezeichnet und verläuft gerade (**G 610**) .

H 611 In ihrem Anfang ist die Apollolinie sehr tief (**G 611**).

H 612 Die Apollolinie verläuft wellenförmig oder ist gewunden (**G 612**) .

H 613 Die Linie ist gekettet (**G 613**).

H 614 In ihrem Ende im Apolloberg ist die Apollolinie gegabelt (**G 614**)

H 615 Die Apollolinie durchschneidet den Venusberg (**G 615**).

H 616 Eine Querlinie, von der Schicksalslinie herkommend, schneidet die Apollolinie (**G 616**).

H 617 Eine Querlinie vom Merkurberg oder der Merkurlinie her schneidet die Apollolinie (**G 617**).

Die Merkurlinie (Magen- oder Leberlinie)

Grundbedeutung: Sie betrifft in erster Linie die Nerven, aber auch die Gesundheit, besonders die Verdauungsorgane und die Drüsentätigkeit. Davon aber hängt auch ab, ob jemand in Erfolgslaune, also froh und tatkräftig gestimmt ist.

Normaler Verlauf: Die Merkurlinie nimmt ihren Anfang nahe der Lebenslinie und führt zum Merkurberg.

H 701 Die Merkurlinie beginnt in der Lebenslinie bzw. im Handgelenk (**G 701**).

H 702 Die Merkurlinie beginnt im Venusberg (**G 702**).

H 703 Die Merkurlinie nimmt ihren Anfang im Marsberg (**G 703**).

H 704 Die Merkurlinie ist klar gezeichnet (**G 704**).

H 705 Die Merkurlinie ist zerrissen oder verworren (**G 705**).

H 706 Eine zerrissene oder in Stücke zerhackte Merkurlinie kommt aus dem Mondberg (**G 706**).

H 707 Die Merkurlinie ist im oberen Teil gut ausgeprägt, im unteren kaum vorhanden (**G 707**).

H 708 Die Merkurlinie ist nur im unteren Teil vorhanden (**G 708**).

H 709 Die Merkurlinie ist gewunden bzw. wellenförmig (**G 709**).

H 710 Die Merkurlinie sendet im letzten Teil einen Ast zum Apolloberg (**G 710**).

Der Venusring

Grundbedeutung: Der Venusring gehört zu den Nebenlinien, die keineswegs immer und vollständig vorhanden sind oder sein müßten. Je stärker er ausgeprägt ist, um so mehr gilt er als Zeichen der Sinnlichkeit.

Normaler Verlauf: Der Venusring zieht sich als Halbkreis vom Zwischenraum zwischen Zeige- und Mittelfinger zum Zwischenraum zwischen Ring- und kleinem Finger und liegt damit zwischen Herzlinie und Ansatz der Finger. Der Venusring sollte nicht zu tief und zusammenhängend sein.

H 801 Der Venusring ist in Teile gebrochen, aber deutlich sichtbar gerundet vorhanden (**G 801**).

H 802 Der Venusring besteht aus einem einzigen Strich, dem die Rundung fehlt (**G 802**).

H 803 Die Hand mit dem deutlichen Venusring ist weich (**G 803**).

H 804 Die Hand mit dem deutlichen Venusring ist eher hart als weich (**G 804**).

H 805 Der Venusring ist nur in einem Anfangsstück vorhanden, das in die Schicksalslinie mündet (**G 805**).

Die Milchstraße

Grundbedeutung: Diese Nebenlinie gibt es nicht sehr häufig. Sie kommt aus den Armringen und verläuft ähnlich der Merkurlinie, ist aber nur sehr kurz.

Die Milchstraße ist gut ausgeprägt und nicht oder kaum zerfasert (**G 821**).

H 822 Die Milchstraße ist zerrissen oder nur undeutlich vorhanden (**G 822**).

H 823 Die Milchstraße zeigt sich als sehr lange Linic (**G 823**).

Die Intuitions- oder Uranuslinie

Grundbedeutung: Diese Linie soll parapsychologische Fähigkeiten anzeigen. Sie begünstigt die Kombinationsgabe, soweit sie aus dem Unbewußten gespeist wird.

Normaler Verlauf: Diese Linie entspringt im Mondberg und verläuft in einem sanften Bogen zum Merkurberg.

H 831 Die Intuitionslinie ist deutlich vorhanden (**G 831**).

H 832 Die Intuitionslinie ist zwar vorhanden, aber wellig oder gestückelt, unregelmäßig (**G 832**).

H 833 Auf der Intuitionslinie gibt es Inseln (**G 833**).

Die Armringe oder Raszetten

Grundbedeutung: Die Armringe bestehen aus bis zu drei Linien, die mehr oder weniger vollständig und deutlich sind. Sie sollen Hinweise über die physische Leistungsfähigkeit geben.

Chiromantische Bedeutung: Die Frage nach dem Lebensalter wird u. a. nach den Armringen beantwortet: Ein gut gezeichneter Ring steht für 30 Jahre, ist er schwächer gezeichnet, gilt er für 20 Jahre.

H 841 Eine kleine Linie steigt aus dem Armring zum Venusberg auf, überquert ihn und geht bis in die Handfläche (**G 841**).

H 842 Kleine schräge Linien steigen aus dem Armring zum Mondberg auf (**G 842**).

H 843 Die einzelnen Armringe sind stark verästelt und verworren (**G 843**).

Die Ehelinien

Grundbedeutung: Diese Ehe- oder Zuneigungslinien deuten auf die Ehe- bzw. auf eheähnliche Verhältnisse hin. Die Erfahrung lehrt, daß man hier bei der Deutung eher vorsichtig sein muß. Hinweise auf intensive Partnerbeziehungen gibt es sicher, aber man muß das durch diese Linien angesprochene Thema genau auslegen und darf nicht ausschließlich Heiraten ermitteln wollen. Hier sind jene tiefen, ernsthaften Beziehungen angezeigt, deren ein Mensch nicht allzu viele hat.

Chiromantische Bedeutung: Man schließt in der Regel auf die Zahl der legalisierten Verbindungen.

Auf diese horizontalen Linien aufgesetzte kleine senkrechte Linien sollen auf die Anzahl der Kinder weisen.

Normaler Verlauf: Die kleinen horizontalen Linien finden sich auf der Kleinfinger-Seite am äußeren Handrand zwischen dem Anfang der Herzlinie und dem Ansatz des kleinen Fingers.

Messung der Linien: Man veranschlagt etwa den Beginn an der Herzlinie mit dem 12. Jahr, am Fingeransatz liegt das 60. Lebensjahr.

H 851 Die Anzahl der tiefen Linien soll einen Hinweis auf die intensiven Verbindungen geben (**G 851**).

H 852 Die Ehelinien sind lang und tief (**G 852**).

H 853 Zahlreiche Ehelinien, die fein und dünn sind (**G 853**).

H 854 Eine Linie biegt sich nach oben (**G 854**).

H 855 Eine Ehelinie ist gegabelt (**G 855**).

H 856 Eine Ehelinie biegt sich nach unten (**G 856**).

H 857 Ehelinie wird durch Querstrich abgeschlossen (**G 857**).

H 858 Viele kleine und sehr feine senkrechte Striche durchschneiden die Ehelinie (**G 858**).

H 859 Eine Ehelinie läuft herab zur Lebenslinie (**G 859**).

H 860 In einer Ehelinie liegt deutlich ein roter Punkt (**G 860**).

H 861 Eine Ehelinie neigt sich weit schräg in die Hand herab (**G 861**).

H 862 In einer Ehelinie liegt eine Insel (**G 862**).

Das große Dreieck

Es entspricht ungefähr dem Marsfeld und wird aus Lebens-, Kopf- und Merkurlinie gebildet.

H 871 Das Dreieck ist tadellos erkennbar gezeichnet (**G 871**).

H 872 Das Dreieck ist unregelmäßig und hat offene Ecken (**G 872**).

Das kleine Dreieck

Es wird von Merkur-, Schicksals- und Kopflinie gebildet. Es ist ein rechtwinkliges Dreieck mit der Schicksalslinie als längster Seite.

H 881 Dieses Dreieck ist gut erkennbar, was vor allem auf den rechten Winkel zutrifft.

H 882 Dieses Dreieck ist nur unvollständig vorhanden und hat auch keinen annähernd rechten Winkel.

Das große Viereck

Das große Viereck wird auch Handtisch genannt. Es ist das Feld zwischen Herz- und Kopflinie. Begrenzt wird es durch den Jupiterberg und den Marsberg.

Der Handtisch hat mit der Kommunikation zu tun, er zeigt an, wie man anderen gegenüber eingestellt ist, ob selbstlos, großzügig oder kleinlich und engherzig.

H 891 Der Raum zwischen Herz- und Kopflinie ist breit (**G 891**).

H 892 Der Raum zwischen Herz- und Kopflinie ist schmal, die beiden Linien sind gegeneinander gewölbt, so daß sie sich in der Mitte fast berühren (**G 892**).

Aufteilung des Handtellers in horoskopische Räume

Man spricht vom „Horoskop in der Hand“. Im Prinzip ist das richtig, da sich ja die Planeten als Berge und Linien finden. Soweit es um die Tierkreiszeichen und um die „Häuser“, also die Ereignisebenen geht (vgl. Abb. 15), sollte man mit dem Urteil vorsichtig sein.

Gerechtfertigt ist es, die *Quadranten des Horoskops* in der Hand zu suchen (vgl. Abb. 14). Es sind jene großen Räume, die durch den *Horizont* (im Horoskop die Linie Aszendent-Deszendent) und durch den *Meridian* bezeichnet werden, der im „IC“ = Imum Coeli oder Mitternachtspunkt fußt und im „MC“ = Medium Coeli, Himmelsmitte, gipfelt.

In der Hand vertritt der Daumen den Aszendenten, die Kopflinie ist der Horizont. Als Meridian gilt die Schicksalslinie.

Die Daumenseite mit dem Venusberg, die dem Osten des Horoskops entspricht, ist die *Ich-Seite* des Horoskops, die andere mit dem Mondberg entspricht der *Du-Seite* bzw. der Öffentlichkeit. Sicher darf man die Handwurzel dem IC gleichsetzen. Sinngemäß könnte dann das Ende der Schicksalslinie aussagekräftig für das MC sein. Mindestens läßt ja das Ende der Schicksalslinie, üblicherweise im Saturn- oder Jupiterberg, Schlüsse über die „Berufung“ zu bzw. über „Ruhm und Ehre“.

Beispiele von Merkmalen zu Abb. 12

1 Herzlinie beginnt mit feinen Linien, besenförmig: ein günstiger Start.
2 Herzlinie endet mit Gabel zum Jupiterberg: erfolgreicher Verlauf der durch die Linie angezeigten Dinge.
3 Kopflinie endet im Mondberg: Neigung zum Grübeln.
4 Verästelung schwächt die Apollo- bzw. Sonnenlinie. Aber ein Ast kommt von der Herzlinie, so daß durch Herzensdinge der Erfolg gefördert wird.

5 Zerrissene Merkurlinie: Nervosität oder Verdauungsstörungen nervöser Natur.
6 Absteigender Ast der Lebenslinie zur Merkurlinie: Kummer aus Angelegenheiten der Herzlinie, der sich gesundheitlich niederschlägt.
7 Aufsteigende, gegen die Finger gerichtete Äste der Lebenslinie weisen auf Glück und Erfolg, aber die Kopflinie erweist sich als störend.
8 Einflußlinie (hier: Kummerlinie) drückt eine große Leidenschaft aus, die nicht erwidert wird, was zu Depressionen führt.
9 Marslinie länger als Lebenslinie: Zuviel marsische Energie bringt voran, reißt aus Lethargie heraus, kann aber dadurch auch Probleme bringen, jedoch Vitalität bis ins hohe Alter.
10 und 11 Stern oder tiefer Punkt auf der Lebenslinie: tiefe seelische Erschütterung.
12 Krankheit im Alter. Dadurch auch materieller Verlust.
13 Bruch in der Lebenslinie mit abwärtsgehendem Ast: schwere Krankheit.
14 Stern auf dem Jupiterberg: Glück in eigenen Unternehmungen.
15 Bruch in der Schicksalslinie vor dem 30. Jahr: Berufswechsel; um das 50. Jahr Karrieresprung oder plötzliche glückliche Veränderung bewirkt materiellen Lebenserfolg.
16 Einflußlinien (hier: Streit- oder Eifersuchtslinien), die in jungen Jahren die Lebenslinie durchschneiden.
17 Furchen oder viele Linien auf dem Venusberg sprechen für starke Leidenschaften, die aber – als Gitter – komplizierend wirken.
18 Ehelinie, die sich gabelt: Man lebt sich auseinander.
19 Drei Kinderlinien.
20 Intuitionslinie: Sie unterstreicht das Phantasievolle, Unbewußte.
21 Reiselinien.
22 Senkrechte Linien auf dem Merkurberg sind Zeichen der intelligenten Auswertung des Erwerbssinns und weisen auf Rednergabe.

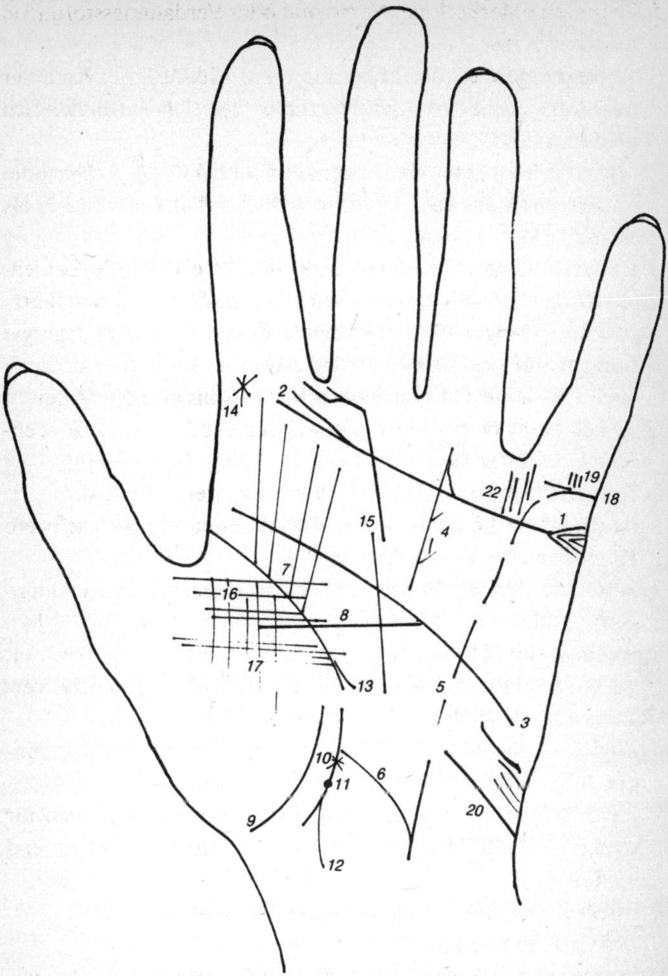

Besondere Merkmale
Abb. 12

Beispiele von Merkmalen zu Abb. 13

1 Ehe-(Neigungs-)linie mit Insel (Schwierigkeiten) und aufwärtsgebogen: Verbindung kommt schließlich zustande und wird glücklich. Altersunterschied möglich.
2 Vom Mondberg aufwärts zur Sonnenlinie führende Reiselinie: Erfolgreiche Reise in Zusammenhang mit Kunst oder Kultur.
3 Dreizinken-Gabel am Ende der Sonnen- bzw. Apollolinie: Künstlerischer oder beruflich-gesellschaftlicher Erfolg.
4 Gitter auf dem Saturnberg erschwert den Erfolg; immer ungünstig für Angelegenheiten des Berges.
5 Insel in der Herzlinie: Kummer in Herzensdingen.
6 Stern am Ende der Herzlinie auf dem Jupiterberg: Besonderes Glückssymbol, auch Hinweis auf Genialität.
7 Verdoppelung der Schicksalslinie nach dem 40. Jahr: Eine Erfolgsperiode.
8 Das „mystische Kreuz" zwischen Herzlinie und Kopflinie auf der Höhe des Saturnbergs soll parapsychologische Begabung anzeigen (Hellsehen etc.).
9 Einflußlinie aus der Marslinie aufsteigend zum Jupiterberg: Großer Erfolg durch Tatkraft.
10 Von Marslinie ausgehende Einflußlinie, die Kopflinie und Herzlinie schneidet: Größeres Ungemach durch Sex.
11 und 12 Blockaden = Schwierigkeiten in Kopf- und Lebenslinie, die aber überwunden werden.
13 An ihrem Anfang kettige Kopflinie: Gesundheitliche Schwäche in der Kindheit, Nervosität.
14 Aufsteigende Äste auf der Lebenslinie: Sichtbare Erfolge.
15 Einflußlinie aus dem Venusberg zur Schicksalslinie: Sehr intensives Liebeserlebnis, das zum Schicksal wird. Heirat.
16 „Reparierte" Bruchstelle: Eine schwere Krankheit, die überwunden wurde oder wird.
17 Einflußlinie, die zunächst die Lebenslinie begleitet, in dieser Zeit Vitalität und Erotik steigert, dann aber zum Mondberg abbiegend, die Lebenslinie schneidet: Kummer in der Liebe, Depression mit gesundheitlicher Folge.

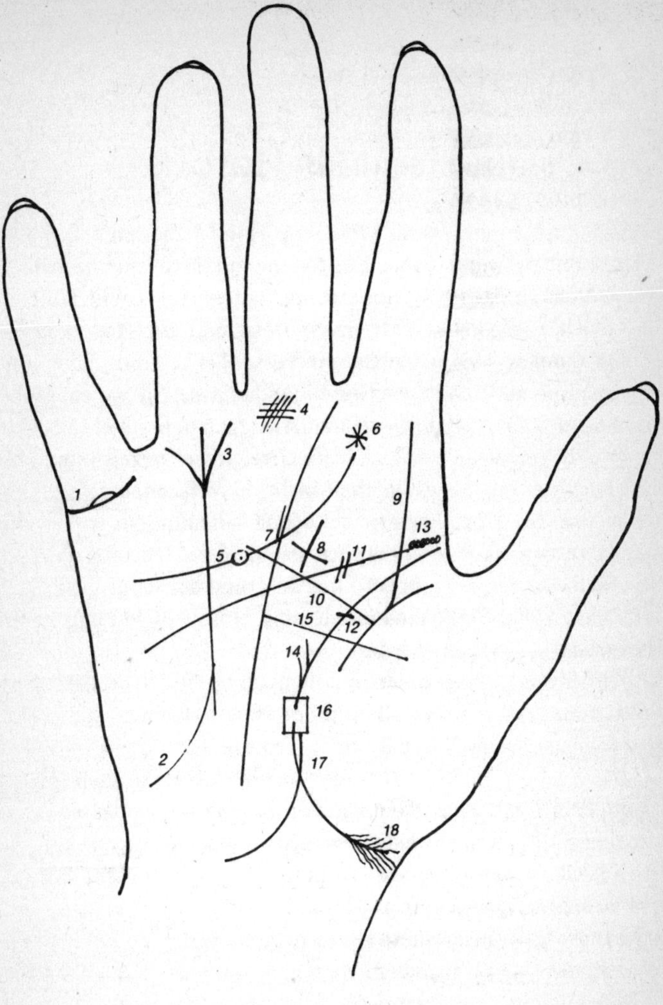

Besondere Merkmale
Abb. 13

18 An ihrem Ende sich verästelnde Lebenslinie: Die Lebenskraft wird schwächer, versandet, erlischt.

Die Hand als Horoskop

Aus gutem Grund steht die Horoskop-Hand in diesem Teil an letzter Stelle. Das mag meine Einstellung zur Sache kennzeichnen. Nicht, daß ich das Horoskop etwa geringschätze. Aber ich meine, daß der Vergleichbarkeit Grenzen gesetzt sind. Ein Horoskop bietet ganz andere Möglichkeiten, ein Persönlichkeitsprofil mit künftigen Trends zu entwerfen, als die Handanalyse. Sie hat ein groberes Raster, kann allerdings in ihren Aussagen definitiver sein, aber auch nicht genauer etwa bestimmte „Ereignisse" bezeichnen. Freilich hat es in der Vergangenheit nicht an Versuchen gefehlt, *alle* Elemente des Horoskops in der Hand aufzufinden, wobei man davon ausging, daß sie vorhanden sein *müßten*. Ich habe da Zweifel. Es ist schließlich möglich, nur aufgrund der Konstellationen, also ganz ohne Tierkreiszeichen, eine Horoskopdeutung zu liefern, die das Wesentliche durchaus erfaßt. Warum also sollten in der Hand die Tierkreiszeichen unbedingt vorhanden sein?

Und die „Häuser"? Heute arbeiten viele Astrologen ohne Häuser, weil die Vielfalt der Systeme abschreckt. Obwohl ich beim Erstellen eines Horoskops weder auf die Zeichen noch auf die Häuser verzichte, denn die Astrologie ist ein anderes Medium, rate ich, die Abb. 15 höchstens forschungsmäßig zu untersuchen, jedoch in der praktischen Verwendung sehr zurückhaltend mit diesen Aussagen zu verfahren.

Um mit den Zeichen und Häusern gemäß Abb. 15 zu Aussagen zu kommen, kann man sich nach den unter H 36 angegebenen Merkmalen bzw. Zeichen richten. Vor allem achten die Astrochiromanten auf Äste im eingezeichneten Häuserbereich, ob sie aufsteigend oder fallend sind. Günstig ist es, wenn man bei den Untersuchungen an der Hand eine Horoskopzeichnung vorliegen hat und diese mit den Ergebnissen vergleichen kann.

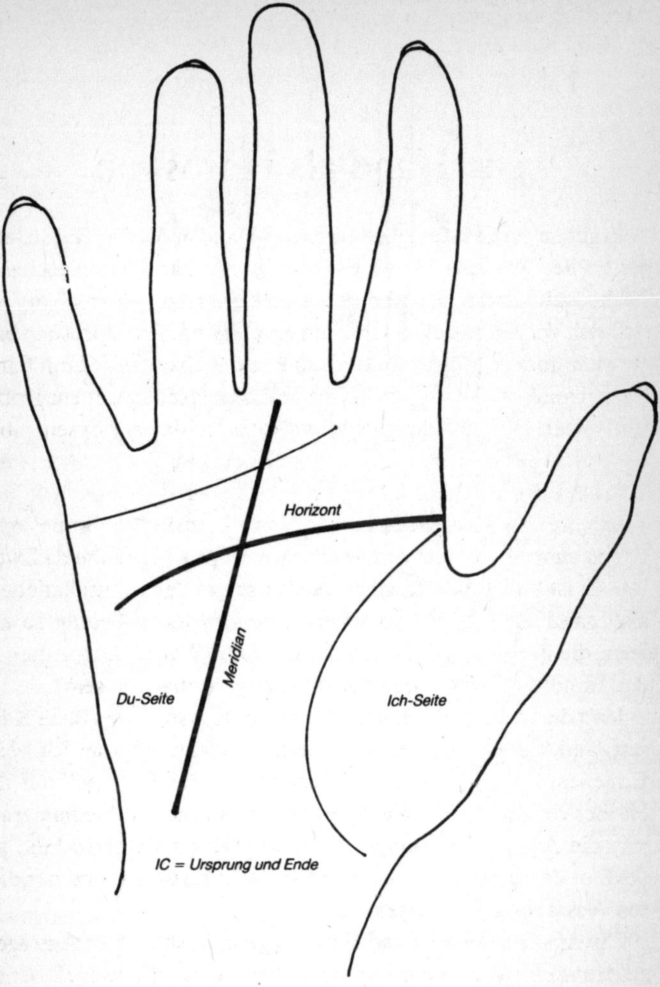

Die horoskopischen Räume
Abb. 14

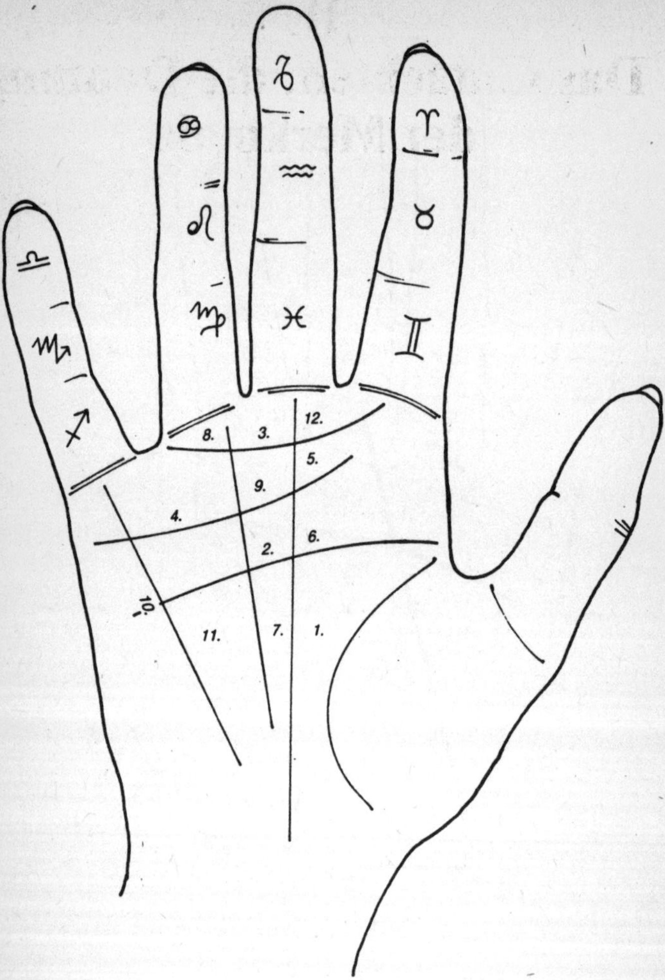

Die Horoskop-Hand
Abb. 15

II.
Das Gutachten, die Deutung der Merkmale

Die Deutung der Hand

G 1 Sie sind ein Mensch, dessen Wesen für andere überschaubar und der in seinen Reaktionen berechenbar ist. Man weiß, was Sie in dieser oder jener Situation tun werden. Das gilt allerdings nicht, wenn Ihre Gefühle Sie übermannen, denn dann können Sie zornig sein, auch rasen. Entfesselte Leidenschaften zeigen sich auch in Wollust. Sie sind stark materiell gebunden, denn, was Sie denken und tun, hat immer einen direkten Bezug zur Wirklichkeit. Was für andere geistige Höhenflüge sein mögen, ist für Sie schlicht gesagt Spinnerei, der Sie nichts abgewinnen können. Sie nehmen das Leben, wie es kommt, ohne wegen eines Problems gleich in Konflikte zu geraten. Sie sind in Ihren Äußerungen eher zurückhaltend, manchmal sogar schweigsam. Ihre Arbeit gut zu tun ist Ihnen wichtiger, als darüber zu reden. Sie laufen Gefahr, sich als starrsinnig zu erweisen und zu schwerfällig zu reagieren, das hat seinen Ursprung in einer gewissen phlegmatischen Grundhaltung.

G 1a Sie sind vital und haben ein großes Bedürfnis nach Sauerstoff und frischer Luft. Deshalb suchen Sie sich eine Arbeit oder Beschäftigung, die Sie im Freien ausüben können, etwa im Bereich der Landwirtschaft oder des Gartenbaus. Wahrscheinlich fühlen Sie sich in geschlossenen Räumen beengt. Auch hängt Ihr guter Schlaf sehr davon ab, ob Sie sich ausarbeiten können.

G 1b Was immer Sie tun, Sie erledigen es voller Tatkraft. Da Sie sich aber Zeit nehmen, wird nicht auf den ersten Blick ersichtlich, daß Sie Ihre eigene Dynamik haben: Sie wollen und können Ihre Energie einsetzen. Sie ist ein mächtiger Hebel, erfolgreich zu sein.

G 1c Was Ihnen fehlt, ist der rechte Schwung. Es mangelt am inneren Antrieb. Die Einladung zu einer guten und reichlichen Mahlzeit schlagen Sie nicht aus. Danach möchten Sie es sich bequem machen. Sie wollen das Leben genießen, auch erotisch.

G 2 Einer der Hauptvorzüge Ihres Naturells ist es, eine praktische Einstellung mit Verständnis für eine geistige Betätigung zu verbinden. Deshalb werden Sie auch bei Ihrer Tätigkeit gern eine höhere Warte beziehen. Sie möchten größere Zusammenhänge überschauen, weil Sie wissen, daß das eine mit dem anderen zusammenhängt, daß man bestimmte Dinge nicht nur mit manuellem Geschick erledigen darf, sondern daß dabei auch Überlegungen angestellt werden müssen. Darin sind Sie ein Meister. Sie sind alles andere als ein Heißsporn, denn das Festhalten am Bewährten ist für Sie ebenso typisch wie das Bestreben, Ordnung zu halten. Das zeigt sich auch im Berufsleben. Sie erweisen sich als pünktlich und zuverlässig, sind als Mitarbeiter umgänglich und anpassungsfähig. Die Befriedigung Ihrer Wünsche suchen Sie im Rahmen der gegebenen Möglichkeiten. Überhaupt stehen Sie in jeder Hinsicht auf dem Boden der Tatsachen. Diese Haltung spiegelt sich auch in Ihrem Denken. Sie wissen, daß die Gegenwart alle Kräfte erfordert, machen sich daher nicht viel aus dem Morgen und trauern dem Gestern nicht nach. Mit dieser Einstellung können Sie alt werden und sich Ihre jugendliche Frische bewahren. Bevor Sie über etwas reden, möchten Sie es zunächst einmal begreifen und sich selbst ein Bild vom Sachverhalt machen. Deshalb bringen Sie die Dinge gern auf einen kleinen Nenner. Mit anderen Worten, Sie verstehen zu vereinfachen, Kompliziertes zu klären, was durcheinandergeraten ist, zu entwirren. Am liebsten haben Sie es, wenn Sie systematisch vorgehen können. Da Sie andere Menschen stets in Ihre Überlegungen einbeziehen, „machen Sie auch nie die Rechnung ohne den Wirt". Ihre Überzeugungen und Ihr Wissen geben Sie gern weiter. Das hat einmal damit zu tun, daß Sie spüren, mit jenen besser verkehren zu können, die eine ähnliche Wellenlänge haben wie Sie, zum anderen ist es Ihre soziale Einstellung. Auch Konventionen bedeuten Ihnen viel. Dies nicht zuletzt aus Angst, den sicheren Boden unter den Füßen zu verlieren, wenn Sie etwas aufgeben. Es mangelt Ihnen mitunter an jenen Impulsen, die Begeisterung wecken könnten. Auch ausgesprochen schöpferisch sind Sie nicht. Ihnen liegt mehr eine reproduzierende Tätigkeit, denn Sie verstehen es bestens, einen gegebenen Rahmen auszufüllen. Sie sind jemand, der vielseitig und aufgeschlossen für das Neue ist, aber auch die Tradition bewahrt. Sie vermitteln anderen das Gefühl der Sicherheit und des Selbstvertrauens. Ihr praktischer Sinn kann sich durchaus in einer künstlerischen Tätigkeit zeigen, etwa in einem Kunsthandwerk, denn Sie haben Sinn für Harmonie und das Schöne. Was den Geltungstrieb angeht, der in jedem Menschen schlummert, sollten Sie es nicht dazu kommen lassen, ihm zu sehr nachzugeben. Es könnte leicht geschehen, daß Sie mehr wollen, als Sie aufgrund Ihrer Veranlagung erreichen können. In diesem Fall würden Sie unzufrieden mit sich selbst sein oder auch anderen ungerechtfertigt die Schuld am eigenen Versagen zuschieben.

G 2a Sie überlegen logisch. Daher eignen Sie sich auch für Arbeiten, die ein Mitdenken erfordern. Ob es Arbeitsvorgänge sind oder ob Sie sich einen Durchblick z. B. bei zwischenmenschlichen Angelegenheiten verschaffen wollen, Sie bringen die Dinge gern auf den Punkt. Dazu erscheint es Ihnen nötig, den Ursachen nachzuspüren. Da leisten Sie gute detektivische Arbeit. Eine solche Einstellung bewahrt Sie z. B. auch davor, sich durch irgendwelche Emotionen zu Handlungen hinreißen zu lassen, die Sie später bereuen könnten. Sie sind ein wenig zu vorsichtig.

G 2b Im Prinzip trifft auf Sie G 2 zu. Aber Sie haben eine stärkere Empfindsamkeit, mehr Phantasie und können Ihr Innenleben besser zur Geltung bringen. Ihrer Sensibilität entspricht auch eine stärkere Sinnlichkeit. Sie haben Freude am Genießen, oder Sie leben Ihre Empfindungen kreativ aus, etwa durch eine künstlerische Betätigung. Obwohl Sie sich diszipliniert verhalten, sind Sie nicht frei von Stimmungen. Diese sind Ursache für ein gewisses Verlangen nach Abwechslung. Ein sturer Ablauf des Alltagsgeschehens nervt sie, weshalb Sie sich ihm gern entziehen. Da kommen Ihnen Anregungen und Impulse gelegen, ja, Sie können sich schnell für etwas oder auch für jemanden begeistern.

G 3 Wenn andere von Ihnen sprechen, reden sie gern über Ihre Ruhelosigkeit. Sie haben Ideen, sind aufgeschlossen für alles Neue und möchten es für Ihre eigenen Unternehmungen nutzbar machen. Sie würden aber deswegen nicht das Bewährte über Bord werfen. Davor bewahrt Sie Ihr praktischer Sinn. Bei allen ausgreifenden Gedanken sind Sie doch durch und durch Realist. Auf dieser Ebene lassen Sie sich gern anregen. Das Machbare interessiert, nicht Illusionen oder rosarote Hoffnungen. Ihnen geht es um das Know-how. Ihr Selbstvertrauen wächst mit der Aufgabe, die Sie sich stellen oder die Sie lösen müssen. Dabei brauchen Sie aber „freie Hand". Wer freilich in solchem Maße nach Unabhängigkeit strebt, kommt in Versuchung, andere zu dominieren. Herrschsucht aber könnte man Ihnen ankreiden.

Das Künstlerisch-Schöpferische liegt Ihnen weniger, denn Sie vermögen sich nur schwer vom Gedanken der Zweckmäßigkeit und damit der nützlichen Erwägungen zu lösen. Unter dieser Prämisse aber können Sie sehr wohl das Schöne gestalten und versuchen, ästhetische Wünsche zu befriedigen.

G 4 Es liegt in Ihrer Natur, sich anderen, vor allem höheren geistigen Einflüssen zu öffnen, mehr zu empfangen als selbst aktiv zu gestalten. Das Schöne und Erhabene zieht Sie an. Ihre Phantasie ist beträchtlich. Das verrät aber auch eine starke Empfindlichkeit für äußere Eindrücke, die auf Ihre Stimmung einwirken. Wohl können Sie sich begeistern, ja verzückt, aber ebenso auch depressiv gestimmt sein und sich entmutigt fühlen. Zum Träumen wie zu allen passiven Situationen haben Sie ein besonderes Verhältnis. Wunschdenken beflügelt, aber Sie können sich auch Situationen ausmalen, die Ängste erzeugen. Diese bauen Sie nicht so sehr durch praktische Aktivitäten ab, sondern neigen dazu, sich abzulenken, sich zu betäuben. Rausch und Drogen können Ihnen gefährlich werden.

G 5 Für Sie gilt im wesentlichen, was für G 4 festgestellt wurde. Doch die Gefahr des Abgleitens, des Sich-gehen-Lassens, ist weit weniger gegeben. Dazu sind Sie zu kritisch und müssen erst eine nicht unbeträchtliche Hemmschwelle überwinden. Auch filtern Sie Ihre Gefühle durch den Verstand und lassen im Zweifelsfalle ihn entscheiden. Herzensangelegenheiten werden damit etwas zu nüchtern betrachtet. Ihre Sehnsucht, sich einem geliebten Menschen hinzugeben, wird immer wieder durch Wenn und Aber gebremst. Auch in Ihrem Beruf verzögert sich manches, weil Sie die Dinge erst prüfen müssen, bevor Sie ihnen Raum geben. Sie wollen gerecht sein, was für Sie mit einer objektiven Einstellung beginnt. Das Einholen verschiedener Meinungen, die Durcharbeitung unterschiedlicher Meinungen zu anstehenden Projekten aber kostet Zeit. Deswegen vollziehen sich Entwicklungen, die Sie auf den Weg bringen, auch langsam. Dennoch kann es geschehen, daß Sie „den Wald vor lauter Bäumen nicht sehen".

G 5a Der Text G 5 ist zu modifizieren, denn Sie haben mehr Energie als der Grundtyp. So gehen Sie entschlossen an Ihre Aufgaben heran, setzen sich auch mit Ihrer Meinung durch bzw. bleiben konsequent in Ihrer Spur, selbst wenn Sie lieber diplomatisch verfahren möchten, denn Gewalt verabscheuen Sie in jeder Hinsicht.

G 5b Der Text G 5 trifft auf Sie voll zu. Ja, es mangelt Ihnen zudem vielfach an Selbstdisziplin. Sie lassen sich zu sehr ausnützen und mit sich umspringen, obwohl Ihnen das keineswegs behagt. Raffen Sie sich auf, und trainieren Sie an kleinen Aufgaben Ihren Mut zum Widerstand, damit Sie sich nicht weiter „unterbuttern" lassen. Ihr Zartgefühl in allen Ehren, doch irgendwo gibt es Grenzen. Es darf nicht angehen, eigene Schwächen zu bemänteln, um den Anforderungen ausweichen zu können. Die Flucht in ein gedankliches Exil kann Ihre Probleme nicht lösen.

G 6 Ihr Typ hat manches mit G 5 gemeinsam, vor allem die Empfindsamkeit, Schönheits- und Formensinn. Sie öffnen sich der Harmonie, dem Schönen und Edlen. „Göttliche Eingebungen" können einströmen und werden nicht durch die kritisierende Vernunft gestört. Sie empfinden ein Bedürfnis nach Abwechslung, möchten das Schöne, aber auch Luxus genießen, ohne das letzteres sein müßte. Ihre Kreativität ist unbelastet von „irdischer" Rücksichtnahme. Deswegen können Sie sich einem Werk verpflichtet fühlen, das Sie ganz als das Ihre ansehen.

G 7 Die Darstellung G 6 wird Sie ansprechen, denn durch Ihre Adern pulst das gleiche Blut. Allerdings entziehen Sie sich eher den Sachzwängen. Sie sind kreativ, vor allem da, wo es darum geht, Genüsse auszufeilen. Sie sind ein geborener Gourmet und schätzen einen entsprechenden Lebensstil; denn die Lust am Schönen, die Liebe zum Vergnügen und zur Abwechslung zeigen sich nicht nur bei Tisch. Sie möchten reich sein, um sich einiges gönnen zu können, sind leicht erregbar und auch verführbar, erliegen daher den Künsten der Gaukler und Schönfärber. Luxus ist Ihnen wichtig, was sich in der Wertschätzung äußerer Formen zeigt. Ohne Spiel, ohne die zärtliche Zuwendung ist eine Partnerbeziehung für Sie nicht attraktiv. Doch auch Neugier und Koketterie sind Ihnen nicht fremd. Um ein erfüllteres Leben zu führen und weniger in Gefahr zu geraten, abzugleiten oder zu versumpfen, wäre es günstig, sich eine echte Aufgabe zu stellen. Sie könnte im Bereich des Sozialen liegen, mit der Unterhaltung der Menschen zu tun haben oder auch künstlerisch sein.

G 8 Die genannten Beschreibungen der Grundtypen sind selten in reiner Form zu finden. So bleibt nur herauszufinden, wo die Schwerpunkte anzusetzen sind, bzw. welche Darstellung (gemäß den Beobachtungen, siehe Teil 1) überwiegend zu gelten hat.

G 8a Sie sind ein Praktiker und als solcher Realist. Wenn es um eine Aufgabe geht, sei sie sachlicher oder persönlicher Art, fällt Ihnen zumeist rasch eine Lösung ein, die sich auch verwirklichen läßt. Sie lassen aber auch die Vorschläge anderer gelten, selbst wenn diese einen mehr ideellen als materiellen Ansatz haben. Man kann sagen, daß Sie von sich aus bemüht sind, die Dinge objektiv zu sehen, und auch bereit sind, gelten zu lassen, was nicht Ihren Vorstellungen entspricht. Diese Aufgeschlossenheit zeigt sich auch in einem breitgefächerten Interesse.

G 9 Sehen Sie die Darstellung Ihres Grundtyps unter einem neuen Gesichtspunkt, zu dem Goethe meint: „Dem harten Muß bequemt sich Will' und Grille . . .“ und „Das Liebste wird von Herzen weggescholten . . .“ Das heißt, daß Ihr Naturell eher zur Unnachgiebigkeit, ja im extremen Fall zu Sturheit neigt – mit der Konsequenz, sich durch die

Härte zwar Respekt zu verschaffen und sich durchzusetzen, doch die Ecken und Kanten, die somit mehr oder weniger sichtbar werden, erschweren Freundschaften und Herzensbindungen. Die Bereitschaft zur Kooperation könnte eine Schwachstelle Ihres Naturells sein.

G 10 Der Gedanke, sich selbst Zügel anlegen zu sollen, bereitet Ihnen Unbehagen. Sie lieben es, nachzugeben, sich anzupassen, ja sich anzuschmiegen, vermeiden die Konfrontation, weil sie nicht Ihrem Wesen entspricht. Sie wissen, daß es Ihnen an Stehvermögen mangelt, weshalb Sie es nicht gern zu einer Auseinandersetzung kommen lassen. Wenn Sie nachgeben, geschieht dies weniger aus angeborenem Sinn fürs Diplomatische als aus Bequemlichkeit.

G 11 Den Ereignissen des Lebens begegnen Sie mit einer gewissen Gelassenheit. Es entspricht Ihrer Veranlagung, die Dinge abzuwarten und an sich herankommen zu lassen. Sie brauchen eine bestimmte Zeit, die Umstände zu registrieren und ihre Bedeutung einzuordnen. So schaden Sie sich auch weniger durch Ungestüm oder Spontaneität. Die Wärme wie die Begeisterung mögen dadurch geringfügig beeinträchtigt sein, ganz verbannt werden sie dadurch keineswegs. Sie erweisen sich gerade bei feinen Arbeiten als sehr geschickt. Daher wissen Sie auch, wie wichtig es ist, gründlich zu sein. „Der Teufel steckt im Detail", das könnte Ihre Erfahrung sein. Deswegen sind Sie ja auch auf der Suche nach den Unzulänglichkeiten, laufen dabei freilich Gefahr, sich in Einzelheiten zu verlieren, die Proportionen des Wichtigen und des Unwesentlichen durcheinanderzubringen.

G 11a Zu warten und sich in Geduld zu fassen, ist Ihre Sache nicht. Sie brauchen den schnellen Start, wünschen die rasche Erledigung, denn Ihr Blick geht weit voraus und ist in die Zukunft gerichtet. Einzelheiten sind für Sie uninteressant. Dagegen schätzen Sie den Überblick. Es geht Ihnen um den weiten Ausgriff. So schmieden Sie auch Pläne und mögen sich mit der Enge Ihres Milieus nicht abfinden. Diese großen Gedanken tragen Sie gewandt und mit Lust an der Rede vor. In der Debatte sind Sie witzig, erspähen die Lücken in der Deckung des Gegners und sparen nicht mit kritischen bis spitzen Bemerkungen. Eine etwas gezügeltere Impulsivität, etwas mehr Beharrlichkeit, und eine größere Wertschätzung des Details würden Sie noch erfolgreicher handeln lassen.

Die Deutung der Finger

G 12 Langsames, gründliches Denken ist erforderlich, soll logisch überlegt oder kombiniert werden. Das genau tun Sie. Weil Sie dazu einige Zeit benötigen, sind Sie nicht der Typ des Hitzkopfs, der nicht abwarten kann, der vorschnell seine Karten ausspielt und der sich dadurch selbst um die ertragreichen Ergebnisse bringt. Sie filtern Ihre Gedanken, prüfen Sie an den bisher gemachten Erfahrungen, vergleichen, wägen ab und ordnen. Das Leben mit seinen unterschiedlichen Anforderungen kann Ihnen ganz schön kompliziert erscheinen, denn Sie spüren, was es heißt, Verantwortung zu tragen oder Rechenschaft abzulegen. Sie wollen ein ausgewogenes Urteil abgeben. Das muß reifen können. Manchmal aber werden Sie auch weiterhin noch Zweifel hegen. Gewissermaßen ist ein Fall für Sie nie ganz abgeschlossen. Das macht Skrupel möglich: Habe ich wirklich alles ausgiebig bedacht? So können Sie zum Zauderer werden, dem es nicht gelingt, das Glück beim Schopf zu fassen, weil Sie zu lange warten. Es ist daher günstig, wenn andere Merkmale auf Eigenschaften weisen, die dem entgegenwirken.

G 12a Ein kritischer Sinn zeichnet Sie aus. Man kann Sie nicht überreden, denn Sie wollen überzeugt sein. Grundsätzlich akzeptieren Sie nicht ohne weiteres, was man Ihnen vorhält. Als Kunde im Geschäft lassen Sie sich ausgiebig informieren. Doch das genügt Ihnen nicht. Lohnt es das Objekt, bestehen Sie darauf, sich ein eigenes Urteil zu verschaffen. Sie müssen den Gegenstand erst ausprobieren. Gewissermaßen sind Sie ein geborener Kontrolleur, denn dieses gesunde Mißtrauen haben Sie nicht nur Dingen gegenüber. Auch Personen werden getestet, ob Sie ihnen vertrauen dürfen. Es muß schon vieles zu deren Gunsten sprechen, bevor Sie ihnen Ihr Herz öffnen. So ist Ihr Freundeskreis auch nicht sehr groß. Doch wer sich dazu zählen darf, hat nicht nur eine Feuerprobe bestanden.

G 12b „Durch Schaden wird man klug.“ Wie richtig dieses Sprichwort ist, möchten Sie nicht gern am eigenen Leib erfahren. So bauen Sie vor und handeln entsprechend. Sie möchten keinen Anlaß geben, daß man an Ihnen Kritik übt, daß man Ihnen falsches Verhalten nachsagt oder Sie irgendwelcher Fehler bezichtigt. Deswegen kontrollieren Sie sich selbst kritisch. Das kann Äußerlichkeiten betreffen wie Ihre Kleidung, Ihr Auftreten, mehr allerdings noch das, was Sie sagen und tun. Es fällt Ihnen nicht schwer, Ihre Wirkung auf andere zu studieren und daraus Ihre Schlüsse zu ziehen. Auch ist ein Geheimnis bei Ihnen gut aufgehoben, denn Sie sind keine Plaudertasche. Deswegen macht man Sie auch gern zum Vertrauten, zum uneigennützigen Berater.

G 12c Sind Sie sicher, daß Sie nicht pedantisch sind? Sie bewegen sich allzu nahe an der Grenze zur Manie. In diesem Falle würde man Sie nicht zu Unrecht einen Kleinkrämer nennen. Sie verstricken sich zu leicht in Vorurteile oder reagieren gefühlsarm. Hüten Sie sich, abergläubisch zu sein und nur aufs Geld zu sehen. Sparsamkeit ist gut und richtig, aber die rechte Ökonomie ist doch wichtiger. Das heißt jedoch nicht, Sicherheit nur darin zu sehen, daß man alle Dinge in ein System bringt. Lösen Sie sich auch von der vermeintlichen Erkenntnis, daß „Vertrauen zwar gut, Kontrolle aber besser" sei. Wenn Sie durch zu viele Wenn und Aber Ihre Spontaneität abwürgen, werden Sie am Ende nur ein unfroher Zeitgenosse sein.

G 13 Sie sind ein Mensch, dem Harmonie viel bedeutet. Das mag damit zusammenhängen, daß Sie selbst eine künstlerische Ader haben. Vielleicht ist Ihnen das noch gar nicht bewußt geworden. Ganz bestimmt schätzt man Ihren guten Geschmack, Ihren Kunstsinn. Sie lassen sich beeindrucken, reagieren auch spontan, können staunen, sich freuen und zeigen, was Sie denken und fühlen. Sie machen aus Ihrem Herzen gewiß keine Mördergrube, und unnütz schaffen Sie sich auch keine Probleme. Mit anderen Worten: Sie lassen die Kirche im Dorf.

G 14a Zu den wertvollsten Eigenschaften, die man Ihnen nachsagt, gehören Zuverlässigkeit, ein starkes Pflichtgefühl und eine realistische Einstellung zum Leben. Praktische und geistige Fähigkeiten halten sich bei Ihnen die Waage. Man könnte sagen, daß Sie ein intelligenter Praktiker sind – oder ein praktischer Intellektueller. Dem entspricht auch Ihre organisatorische Begabung. Wo andere hilflos sind oder umständlich reagieren, wissen Sie sogleich Bescheid und handeln zügig und situationsgerecht.

G 14b Wie G 14a, doch sind Sie insgesamt weicher, verbindlicher im Wesen, organisieren auch eleganter und weniger straff.

G 15 Bemerkenswert ist Ihre rasche Auffassungsgabe. Sie erkennen auch blitzartig, wo Ihre Vorteile liegen. Kommt es darauf an, sich bemerkbar zu machen, werden Sie Ihr

Licht nicht unter den Scheffel stellen. In künstlerischen Belangen folgen Sie eigenen Vorstellungen, ergreifen auch die Initiative, um sich Gehör zu verschaffen. Vor allem verstehen Sie es, den künstlerischen Gehalt mit dem zu erwartenden Nutzen der Sache zu kombinieren.

G 15a Praktischer Sinn und das Bestreben, konkret zu bleiben, bewahren Sie vor Fehleinschätzungen. Sie sind nicht der Typ, der alles auf eine Karte setzt. Doch Sie zögern auch nicht, Ihren eigenen Ambitionen zu folgen. Schließlich haben Sie ja die Lage geprüft und sich ein fundiertes Urteil gebildet. Was anderen als Risiko erscheinen mag, ist für Sie lediglich die Probe aufs Exempel. Man könnte Sie für eine echte unternehmerische Persönlichkeit halten. Auch ist Ihr Lebenszuschnitt eher einfach und bar jeglicher Übertreibungen.

G 16 Die Bindung an die Praxis wird Ihnen zwar durch Erfahrungen immer wieder als günstig vor Augen geführt, doch entspricht solches Verhalten nicht Ihrer inneren Einstellung. Die ist nämlich recht idealistisch. Sie sind allem Schönen zugewandt, wollen entweder die angenehmen Seiten des Daseins genießen, oder Sie sind religiös und öffnen Herz und Sinn höheren geistigen Einflüssen.

G 17 Ihr Wille ist stärker als die Fähigkeit, logisch zu denken. Das ist zwar insofern eine Hilfe im Leben, als Sie sich Respekt verschaffen, d.h. durchsetzen können. Ja, Sie nehmen jede Hürde – und sei es mit Gewalt. Es gibt nichts, was Sie erschüttern könnte. Ihr Wille kann auch spontan aufbrechen. So sind Ihnen Situationen nicht fremd, in denen es auf Biegen und Brechen geht. Die Konsequenzen haben Sie wohl schon öfter erlebt: Harte Auseinandersetzungen, Brüche, Trennungen . . .

G 18 Ihr Wille kann beträchtlich sein. Kommt es aber darauf an, werden Sie sich nicht zu hitzigem Verhalten hinreißen lassen. Dann siegt die Vernunft. Sie überlegen, erwägen das Für und Wider und entscheiden sich für den gangbarsten Weg. Für Sie zählt schließlich nur, was sich logisch ergründen oder belegen läßt.

G 19 Wahrscheinlich ist es Ihnen schon öfter passiert, daß man Sie benachteiligt hat, einfach, weil Sie sich nicht gewehrt haben. Sie sind zu gutmütig, haben zuwenig Willenskraft aufgebracht, wo es nötig gewesen wäre. Allerdings, Sie sind anlehnungsbedürftig und brauchen eine starke Schulter zum Anlehnen, doch Sie sollten sich nicht zu sehr auf die anderen oder auf Ihren Partner verlassen. Man kann zwar nicht über den eigenen Schatten springen, aber Wille und Ausdauer, denn an diesen fehlt es Ihnen etwas, lassen sich durchaus trainieren. Sie sollten sogleich damit beginnen! Wenn Sie etwa Probleme mit Ihrem Triebleben haben oder Sie sich körperlich schwach fühlen, so kann sich das im Laufe Ihres Lebens doch ändern. In reiferen Jahren funktioniert meistens auch das Zusammenspiel der inneren Anlagen besser, oder es kommen geistige Faktoren hinzu, die diese günstig beeinflussen.

G 20 Sie haben das Profil einer Persönlichkeit. Darin gleichen Sie den bekannten Managern, den Kapitänen der Wirtschaft, den Großen in der Politik, Menschen, die etwas aus sich gemacht haben und die sich dessen auch bewußt sind, von denen man in den Medien immer wieder sieht und hört. Sollten Sie nicht so selbstbewußt auftreten, wie Sie möchten, liegt das möglicherweise daran, daß Sie in mißlichen Verhältnissen leben mußten. Das wird sich ändern, denn Sie haben das Zeug, sich zu profilieren. Sie müssen nur an sich und Ihre Zukunft glauben!

G 21 An Ihrer Intelligenz besteht kein Zweifel. Sie wissen, was Sie wollen, und beweisen dies auch durch kraftvolle Entschlüsse. Wenn Sie von einer Sache überzeugt sind, setzen Sie sich auch sehr entschieden dafür ein.

G 22 Personen, die mit Ihnen Umgang haben, wissen, daß man Sie besser nicht reizt, wenn man nicht eine kleine Explosion erleben will. Sie verfügen gewiß über beträchtliche physische Kräfte und wirken magnetisch auf andere. Aber Sie können auch sehr heftig reagieren, denn Sie sehen sich zu rasch ins Unrecht gesetzt. Um in Zukunft unnützen Streit zu vermeiden – denn Sie könnten ja auch mal den kürzeren ziehen –, sollten Sie weniger nachdrücklich darauf bestehen, recht zu haben. Auch ist es wichtig, immer erst genügend Informationen zu sammeln, bevor man sich voll in die Brust wirft. Doch Sie sind ein Gefühlsmensch, dem es natürlich schwerfällt, hinter dem Berg zu halten.

G 23 Zwei Eigenschaften fallen an Ihnen auf. Einmal ist es Ihre gefühlsbetonte Einstellung, sodann Ihre beträchtliche Phantasie. Geht es darum, eine anstehende Aufgabe möglichst praktisch und ohne Umschweife zu lösen, fühlen Sie sich leicht überfordert. Sie sehen die Dinge mehr in einem größeren Zusammenhang und nicht so sehr von Notwendigkeit oder Nutzen bestimmt. Eine rasche Entscheidung fällt Ihnen schwer.

G 24 Ihre Intelligenz und Ihr guter Geschmack sagen Ihnen, daß Sturheit eine schlechte Sache und mithin nicht die Ihre sein kann. Auch stehen Sie viel zu sehr über den Dingen, als ungeschickt zu poltern und auf andere Druck auszuüben oder sie zu nötigen. Sie schaffen es mit Geduld und beständigem Einsatz, Punkte zu sammeln. So bauen Sie Ihre Überlegenheit nach und nach entscheidend aus.

G 25 Sie werden es nicht gern hören, und so mancher, der sich nicht Ihren Zorn zuziehen mag, wird es auch nicht aussprechen: Sie nehmen auf andere keine Rücksicht, denn Sie sind dickköpfig. Für Ihren Egoismus mag es Gründe geben, doch Sie sollten ernsthaft an sich arbeiten, damit man Sie nicht als gewalttätig einstuft, denn Sie sind leicht erregbar und impulsiv. Um mehr Erfolg im Leben zu haben, müssen Sie sich disziplinieren. Und meiden Sie Alkohol, denn im Rausch könnten Sie gefährlich reagieren.

G 26 Man kann Ihnen Schöpferkraft nicht absprechen. Dazu kommt, daß Sie eine starke Persönlichkeit sind, die die Dinge realistisch sieht und weder sich noch anderen etwas vormacht. Also ist es nicht verwunderlich, wenn Sie durch Ihr Auftreten zeigen, daß Sie das Heft in der Hand haben und es sich leisten können, zu befehlen. Ob ein solches Verhalten allerdings klug und geschickt ist, muß dahingestellt bleiben. Ein wenig mehr Diplomatie und Verbindlichkeit im Umgang mit anderen würden Sie noch weiter bringen.

G 27 Sie sind vielseitig und müssen immer etwas zu tun haben. Es macht Sie nervös, wenn Sie die Zeit vertrödeln sollen. In dieser Hinsicht müssen Sie noch lernen, sich zu konzentrieren und die Dinge nacheinander zu tun, auch einmal Pausen einzulegen und mehr auf die „innere Stimme" zu hören.

G 28 Personen, die näher mit Ihnen zu tun haben, wissen ein Lied von Ihrer Unbeugsamkeit zu singen. Sie sind nicht zu beeinflussen, verfügen über eine beachtliche Portion Selbstbewußtsein und schalten auf stur, wenn Sie den Eindruck haben, daß man über Sie verfügen will. Etwas mehr Selbstkritik könnte Ihnen nicht schaden. Der Neigung, im Umgang rücksichtslos zu reagieren, dürfen Sie nicht nachgeben.

G 29 Sie sind von einem geschmeidigen, anpassungsfähigen Charakter. Das kann Ihnen im Leben schon manche Erleichterung gebracht haben. Anstatt auf Ihr vermeintliches Recht zu pochen, nehmen Sie die Dinge, wie sie sind. Am Ende holen Sie das meiste für sich heraus. Sie sollten sich aber hüten, Launen zu zeigen und verschwenderisch zu sein. Auch haben Sie wahrscheinlich einen deutlichen Hang zur Erotik.

G 29a Sie dürfen nicht allzu anpassungsfähig erscheinen, sonst nützt man Sie aus. Es fehlt dann nicht viel, und man unterdrückt Sie. Zeigen Sie ruhig, daß Sie auch Prinzipien haben, an denen Sie nicht rütteln lassen.

G 29b Man sagt Ihnen einen Hang zur Erotik nach. Das ist sicher nicht falsch, denn Sie sind allen Genüssen des Lebens zugetan. In dem besonderen Fall sollten Sie aber auf der Hut sein, sich nicht zu sehr gehenzulassen. Man könnte Ihnen da manches verübeln.

G 30 Ihr Verstand funktioniert glänzend. Sie sind eine originelle Natur mit eigener Note. Damit haben Sie schon einen Pluspunkt. Wahrscheinlich verfügen Sie auch über eine kritische Urteilskraft. Hinzu kommt persönlicher Charme. Dieser hat damit zu tun, daß Sie das Schöne schätzen und es auch zu genießen verstehen. Deswegen bevorzugen Sie ein diplomatisches, gewinnendes Verhalten. Man findet es sympathisch.

G 31 Sie sind im Grunde eine sensible, nachgiebige Natur, daher auch beeinflußbar. So mag es anderen scheinen, als hätten Sie zuwenig Profil, weshalb Sie sich auch nicht im erforderlichen Maße durchsetzen, wie es aufgrund Ihrer Begabungen oder Ihres Talents sein könnte.

G 32 Sie denken logisch und sind anderen Meinungen gegenüber kritisch.

G 33 Sie denken logisch und sind kritisch, außerdem aber auch recht eigenwillig. Das erklärt, warum einige Leute Sie für unverträglich halten.

G 34 Sie wollen alles möglichst genau wissen. So sezieren Sie nicht nur die Seelenregungen, und zwar die eigenen wie die Ihrer Partner, Sie suchen möglichst auch die Zusammenhänge der Dinge zu ergründen. Dies tun Sie nicht zuletzt, weil Sie einen eigenen Standpunkt brauchen, um sich eine eigene Meinung zu bilden, denn Sie sind ein Individualist. Ihre analytischen Bemühungen sind jedoch oft zu gründlich. Sie sehen dann den Wald vor lauter Bäumen nicht, verfangen sich im Detail und verlieren die große Linie aus den Augen. So ist das Ergebnis Ihrer Arbeit oft unbefriedigend. Das aber macht Sie reizbar und nervös.

G 35 Wenn Sie Ihre Wünsche nicht immer realisieren können, liegt das an Ihrer Ungeduld. Sie sind zu impulsiv, schießen übers Ziel hinaus, handeln überstürzt oder unüberlegt. Sie sind ein Mensch, der die große Linie liebt und der sich um Einzelheiten wenig kümmert. Mitunter steckt aber der Teufel gerade im Detail. Doch sind Sie gern konkret, knapp, machen nicht viele Worte und streiten nicht um des Kaisers Bart. Sie sind aktiv, beweglich und mögen nicht gern stillhalten. Ihr Gedächtnis arbeitet bildhaft. Sie sind eher ein Praktiker als Theoretiker.

Die Deutung der Finger und ihrer „Berge“

G 37 Die nachfolgende Bedeutung ist verstärkt gültig. Das jeweilige Interessengebiet, das der Berg darstellt, verspricht demnach gute Aussichten auf Erfolge.

G 38 Sie haben in den Angelegenheiten, die der Berg bezeichnet, ein Defizit. Das heißt, daß Sie diesen Bereich nicht zum Schwerpunkt Ihrer Aktivitäten machen sollten.

G 39 Es sind bei der Auslegung beide Berggebiete zu berücksichtigen, über die sich die Schwellung erstreckt. Zwischen diesen ist ein innerer Zusammenhang gegeben.

G 40 Ehrgeiz, Religion, bzw. das sittliche Streben, sind in jedem Menschen mehr oder weniger verkörpert. Bei Ihnen hält sich der Ehrgeiz in den rechten Grenzen. Sie gebrauchen nicht die Ellenbogen, um einen anderen aus der Position zu verdrängen, die Sie eigentlich einnehmen möchten. Sie sind auch ehrlich genug, sich Ihre eigenen Schwächen einzugestehen. Andererseits aber wissen Sie auch, was Sie gut können. Darin lassen Sie sich nichts vormachen. Kommt es zur Entscheidung, werden Sie auch einiges unternehmen, um den begehrten Posten oder das Gewünschte zu bekommen.

G 41 Sie sind ehrgeizig, strebsam und stets eifrig bei der Sache. Daher können Sie es weit bringen. Allerdings haben die treibenden Kräfte vielfach materielle Gründe. Prüfen Sie doch, ob es nicht eine bessere, moralischere Motivation für Ihre Aktivitäten gibt.

G 42 Ihr Verlangen nach Macht und Einfluß ist zu stark. Der Erfolg könnte Sie überheblich gemacht haben. Eine solche

Haltung wird Sie Sympathie kosten. Man wird versuchen, an Ihrem Stuhl zu sägen. Denken Sie an das Sprichwort: „Hochmut kommt vor dem Fall."

G 43 Sie haben pädagogische Qualitäten. Wenn Sie noch jung genug sind, sollten Sie eine Lehrtätigkeit aufnehmen. Sind Sie aber schon ein Pädagoge, können Sie sagen, daß Ihr Beruf eine Berufung ist.

G 44 (vgl. auch G 41): Sie sind von einem unbändigen Ehrgeiz erfüllt. Es genügt Ihnen nicht, die zweite Stelle einzunehmen. Sie müssen der erste sein. Dieses Ziel lassen Sie nicht aus den Augen, dafür setzen Sie sich sogar mit unlauteren Mitteln ein, wenn es nötig sein sollte. Ihre Führungseigenschaft ist unbestritten. Äußere Ehrungen bedeuten Ihnen viel. Sie müssen aufpassen, daß man Sie nicht damit ködert und Sie Gefahr laufen, schließlich zu scheitern, weil Sie den Hals nicht voll bekommen können. Legen Sie Ihrem Ehrgeiz ruhig die Zügel an. Es bleibt noch ein gehöriger Rahmen übrig, den Sie so ausfüllen können, daß Ihr Geltungstrieb befriedigt wird. Zu leicht fordern Sie immer wieder Autorität oder Respekt, wo solches gar nicht nötig wäre. Das bringt ebensowenig wie eine stete Gier nach Geld und Gut.

G 45 Ihr Macht- und Geltungsstreben ist beachtlich. Sie sind sich Ihres eigenen Wertes wohl bewußt. Oft handeln Sie aus materiellen Gründen, wenn Sie nach Macht und Einfluß streben.

G 46 Kunst und Kultur bedeuten Ihnen viel. Deswegen sind Ihre Aktivitäten auch vorwiegend ideell begründet. Sie sollten aufpassen, daß Sie nicht von realistischer handelnden Ehrgeizlingen ausgebootet werden.

G 47 Sie sind sich selbst gegenüber recht großzügig, ja, Sie können sogar zum Verschwender werden, wenn Sie sich ehrgeizige oder auch eitle Wünsche erfüllen wollen. In zweiter Linie allerdings sorgen Sie auch für die Menschen, die Ihnen nahestehen.

G 48 Sie laufen nicht gern anderen nach und sind auch in Ihrem Denken lieber unabhängig. Außerdem haben Sie einige recht persönliche Ideen. Indem Sie diese verfolgen, lösen Sie sich auch leicht aus gesellschaftlichen Zwängen. Konventionen sind für Sie durchaus nicht bindend.

G 49 Was Sie sich durch Ihre Strebsamkeit erworben haben, wollen Sie sich auch gern bewahren. Deshalb beschäftigen Sie sich ausdauernd und aktiv mit den Dingen, die Ihnen wichtig sind. Weil Sie so immer am Ball bleiben, haben Sie auch den nötigen materiellen Erfolg.

G 50 Sie nehmen das Leben, wie es kommt. Weisheit, Mäßigkeit und Vorsicht lassen Sie da gelten, wo es sinnvoll ist. Deswegen kasteien Sie sich aber nicht und verstehen es auch, die Annehmlichkeiten des Daseins zu genießen. Sie wissen allerdings um Ihre Grenzen. Ihr Gewissen ist der stete Mahner zu Verantwortung, Gewissenhaftigkeit und Pflicht. Materielles ist Ihnen schon wichtig, aber es ist für Sie nicht bedeutsamer als die ideelle Orientierung. Dieses innere Gleichgewicht ist eine gute Basis für einen gleichmäßigen Lebensfluß. Ihr Glück beruht wesentlich auf tiefgründendem Denken und auf einer ernsten Lebensauffassung.

G 51 Ein Hang zum Materiellen ist bei Ihnen unverkennbar, er ist schon mehr als nur das Bedürfnis nach Sicherheit. Ihre Art, Mittel zu horten, grenzt an Geiz oder ist es schon. Sie sind auch in anderer Hinsicht sehr zurückhaltend. Das zeigt sich auch in Ihrem gesellschaftlichen Umgang. Sie sind da lieber für sich. Deswegen fehlt es auch an vielen Freunden. Möglicherweise fühlen Sie sich oft einsam und zurückgesetzt.

G 52 Einem Hang zum Grübeln sollten Sie nicht folgen. Sie machen sich oft zu trübe Gedanken, sehen die Dinge zu schwarz oder sind melancholisch. Es ist freilich nicht damit getan, daß Sie sich ablenken und mit Macht lustig sind. Da Sie in Ihrer Lebensauffassung sehr ernst sind, können Sie auch nur durch Einsicht zu einer lichteren Betrachtung Ihres Daseins gelangen. Daß Sie ein sehr verinnerlichter Mensch sind, ist ja nichts Schlechtes, doch sollten Sie sich weniger abschließen und zurückziehen.

G 53 Lassen Sie sich niemals unterkriegen! Sie haben die besten Chancen, Ihr Dasein nach Ihren eigenen Vorstellungen zu gestalten. Sie brauchen nur ein bißchen Mut und Schwung, um sich so durchzusetzen, daß der Weg in eine freundlichere Zukunft geebnet wird.

G 54 „Schicksal" ist für Sie ein bedeutungsschweres Wort. Vielleicht haben Sie schon einmal einen Unfall erlebt, oder Sie haben sich nach einem ähnlichen Vorfall gefragt: Warum trifft es gerade mich? Nun, was uns „geschickt" erscheint (daher sprechen wir vom „Schicksal"), wurzelt eigentlich ganz tief in uns selbst. Versuchen Sie aufzuarbeiten, was es an Problemen in Ihrer Vergangenheit gegeben hat! Stellen Sie sich den Dingen, weichen Sie nicht aus! Sie haben es in Ihrer Hand, Ihrem Leben eine positive Wendung zu geben – doch nur durch Arbeit an sich selbst.

G 55 Ähnlich wie G 54. Ihr Leben ist nicht nur in einer Hinsicht unruhig. Deshalb müssen Sie Ordnung in Ihr Dasein bringen. Auf andere oder gar auf die Öffentlichkeit dürfen Sie nicht zählen. Nur was Sie selbst tun, kann Ihnen zum Guten ausschlagen.

G 56 Prüfen Sie doch einmal, wie es um Ihre Bereitschaft steht, sich anderen anzupassen! Sie handeln nämlich nicht immer so sozial, wie man es von Ihnen eigentlich erwartet. Es fehlt Ihnen an Feingefühl.

G 57 Es fällt Ihnen nicht schwer, ernste Zeiten und Probleme zu überwinden. Das hat mit einem Sinn für das Leichte zu tun. Sie sagen sich: Warum das Leben so schwernehmen? Warum sich heute schon die Sorgen von morgen machen?

G 58 Natürlich haben Sie Ideale. Aber diese suchen Sie nicht in unerreichbarer Ferne, denn Sie denken realistisch. Eine gewisse Gefahr mag darin gegeben sein, daß Sie nicht immer so konsequent und treu an Ihren Prinzipien hängen. Wenn es Ihnen opportun scheint, ändern Sie auch Ihre Meinung.

G 59 Was das Geld anbelangt, schätzen Sie es durchaus als ein Mittel zum Zweck. Sie haben Sinn für das Schöne, auch für Luxus. Auch für Kunstgegenstände oder Antiquitäten geben Sie schon einiges aus, oder Sie ergänzen eine Sammlung, die für Sie nicht nur materiellen Wert hat. Dieser ideelle Einschlag in Ihrem Naturell zeigt sich auch in einer gewissen Großzügigkeit in humanitärer Beziehung.

G 60 An Ihnen fällt den anderen auf, wie sehr Sie sich in der Gewalt haben und sich auf ein bestimmtes Vorhaben zu konzentrieren vermögen. Das hat mit Ihrer Fähigkeit zu tun, abstrakt zu denken und Unwesentliches beiseite zu lassen. Allerdings verrennen Sie sich auch leicht in eine vorgefaßte Meinung oder reagieren infolge übergroßer Vorsicht zu langsam. Das Zaudern kann Sie um den Sieg bringen!

G 61 Welche Macht in den Leidenschaften steckt, ist Ihnen nur allzu bewußt. Sie nehmen sich zwar vor, Zurückhaltung zu üben, Ihre Wünsche nicht ausarten zu lassen, doch dann erweist sich das Triebhafte in Ihnen als zu stark, und Sie handeln unüberlegt. Machen Sie sich klar, daß Sie alles können, was Sie nur ernsthaft genug wollen, so werden Sie sich selbst besser in den Griff bekommen.

G 62 Ihr Selbstbewußtsein beruht auf Erfolgen im Leben. Sie haben auch Phantasie, Einfühlungsvermögen, nehmen die Dinge keineswegs tierisch ernst, ja, Sie haben sogar viel übrig für ein heiteres, kulturvolles Dasein, in dem die Kunst eine Rolle spielt.

G 63 Auf dem Gebiet der Kunst oder Kultur können Sie sehr bekannt oder populär werden. Sofern Sie es noch nicht sind, sollten Sie Ihre Talente besser ausleben und sich ernsthaft bemühen.

G 63a Wie G 63, doch besteht überhaupt kein Zweifel an Ihren Erfolgen.

G 64 Sie können auf wissenschaftlichem Gebiet oder auf dem der Literatur Beachtliches leisten, und/oder Sie sind auch sehr musikalisch.

G 65 Ihrer Phantasie müssen Sie wohl oder übel Zügel anlegen, denn Sie entfernen sich zu sehr vom Boden der Realität. Ihr diesbezügliches Verhalten mag manchmal direkt leichtsinnig erscheinen. Auch sollten Sie nicht so sehr mit Ihren Talenten prahlen. Man könnte Sie beim Wort nehmen, und dann würden Sie versagen.

G 66 Lassen Sie sich nicht entmutigen, was Ihr Vorwärtskommen angeht. Sie haben zwar mißliche Umstände zu überwinden oder müssen sich mit Gegnern auseinandersetzen. Es kommt wesentlich darauf an, daß Sie erkennen, welches Ihre starken Seiten sind, oder jene Gebiete finden, auf denen man Ihnen nichts vormachen kann. Wenn Sie sich also nicht aufs Glatteis begeben, werden Sie auch weniger Probleme haben.

G 67 Die Erfüllung intellektueller Wünsche lassen Sie sich einiges kosten. Das kann sogar mehr sein, als Sie verkraften können. Hüten Sie sich auch, in Sammelwut zu verfallen!

G 68 In Ihrem Denken und in Ihrem Handeln lieben Sie die Unabhängigkeit. Dies zeigt sich vor allem in dem Wunsch nach mehr Selbständigkeit. Sie wollen sich von anderen keineswegs gängeln lassen. Der Schwerpunkt liegt dabei in intellektueller Wißbegier. Es ist indessen weniger ein auf Nützlichkeit erpichtes Zweckdenken als vielmehr die reine Freude am Wissen, weshalb Sie sich so einsetzen.

G 69 Sie haben gewisse künstlerische Talente, und Sie verstehen es, diese zu Geld zu machen. Sollten Sie ein Handwerker sein, verbinden Sie Kreativität mit Leichtigkeit und Geschicklichkeit in der Ausführung Ihrer Arbeiten.

G 70 Ihr Erwerbssinn kann sich sehen lassen, mindestens ist er durchschnittlich. Das gilt auch für Ihre Beredsamkeit wie für die Fähigkeit zu argumentieren.

G 71 Sie sind kaufmännisch begabt und vertreten geschickt Ihre Ansichten. Sie haben schauspielerisches Talent, das Sie auch einzusetzen wissen; doch Sie reden ein wenig zuviel.

G 71a Sie schlagen, wo Sie können, Vorteile für sich heraus. Dadurch machen Sie sich nicht beliebt. Es fehlt Ihnen an Tiefgang. Statt dessen konzentrieren Sie sich darauf, Geld zu machen. Dabei können Sie andere auch so überlisten oder austricksen, daß es an Unmoral grenzt. Gesundheitlich neigen Sie zu Gallensteinen oder einem Leberleiden.

G 72 Sie stellen Ihre Intelligenz ganz in den Dienst des Geschäfts. Rechtens ist, was Ihnen nützt. Doch wenn Sie etwa als Wissenschaftler Ihre Intelligenz einsetzen, so können Sie auch ein großer Forscher sein. Gesundheitlich wird Ihnen nervöse Empfindlichkeit zu schaffen machen.

G 73 Sie sind sehr intelligent und geistig beweglich. Man kann sagen, daß Sie vielseitige Interessen verfolgen. Da es Ihnen auch nicht an Geschäftssinn mangelt, werden Sie finanziell immer über die Runden kommen.

G 74 Von riskanten Geschäften sollten Sie besser die Finger lassen, auch keinesfalls spekulieren. Was wie eine „einmalige Chance" aussieht, könnte für Sie zu einer großen Pleite werden. Vorsicht, daß man Sie nicht zu Recht einen Schwindler nennt!

G 75 Sie fassen leicht auf, kombinieren schnell und sind sehr beweglich. Das macht es möglich, daß Sie rascher als andere die Zeichen der Zeit verstehen und wissen, wann Sie Ihre Meinung ändern müssen. Man schätzt Ihren Scharfsinn wie Ihr organisatorisches Geschick. Sie erweisen sich in kritischer Situation als sehr umsichtig.

G 76 Man hält Ihnen vor, geschäftlich durchtrieben zu sein, um eines Vorteils willen zu heucheln oder sich zu verstellen. Machen Sie sich klar, daß Sie auf Anfechtungen in dieser Richtung tatsächlich zu schnell reagieren, und widerstehen Sie der Verführung.

G 77 Sie verfügen über eine gute Intuition, sind aufnahmefähig und anpassungsbereit. Dies gilt besonders für das Geschäftsleben. Sie geben jedoch manchen Vorteil aus der Hand, wenn Sie zu offen sind. Auch wäre es besser, nicht immer sogleich die Karten auf den Tisch zu legen und sich vorschnell zu äußern.

G 78 Sie haben eine gehörige Portion Selbstbewußtsein. Passen Sie jedoch auf, daß Sie nicht überziehen, denn Sie gewinnen doppelt, wenn Sie Ihre Energie richtig einsetzen und sich nicht verzetteln. Beschränkungen Ihrer Freiheit werden Sie indessen nicht ertragen, denn Sie brauchen freien Raum. Das heißt aber auch, daß ein Partner oder eine Partnerin Sie nicht an die Kette legen darf.

G 79 Sie zeigen in allen Handlungen einen recht „kriegerischen" Geist, sei es im Geschäftlichen oder in persönlichen Angelegenheiten. Doch Sie sind für Ihre Gegner keineswegs so gefährlich, wie man es aus Ihrem Auftreten schließen könnte. Sie tappen nämlich allzu leicht in eine Falle, man braucht Sie nur zu provozieren. Dann laufen Sie sofort zur Höchstform auf, erweisen sich als Rabauke, der sich ohne Verstand auf Abenteuer und Streitereien einläßt. Dabei sollten Sie längst erfahren haben, daß Sie jegliche harte Auseinandersetzungen unbedingt vermeiden müssen. Das heißt, daß Sie sich auch nicht auf Prozesse einlassen dürfen. Je besser es Ihnen gelingt, sich zu beherrschen, um so eher und besser schaffen Sie es, Gegner zu überwinden. Auch die Technik, zu der Sie sich besonders hingezogen fühlen, hat für Sie überdurchschnittliche Gefahren.

G 80 Es fehlt Ihnen oft am nötigen Mumm. So werden Sie von anderen ausgenützt. Raffen Sie sich auf und streifen Sie Ihre Schüchternheit ab! Konzentrieren Sie sich darauf, kleine Erfolgserlebnisse zu sammeln! Je mehr es werden, um so besser. Dann wird auch Ihre Selbstsicherheit wachsen, und Sie werden eine kräftigere Ausstrahlung haben.

G 81 Es muß schon sehr schlimm zugehen, daß Sie Ihre Selbstbeherrschung verlieren. Das ist gewiß ein Vorteil. Doch ab und zu ist es auch wichtig, daß Sie zeigen, daß Sie „ein ganzer Kerl" sind. Man darf nicht alles auf die Goldwaage legen und jede Reaktion davon abhängig machen, ob mutiges Verhalten in diesem oder jenem Falle auch angebracht ist.

G 82 Der „Mars in Ihrer Brust“ kann Ihnen ganz schön zu schaffen machen. Das heißt, daß Ihr feuriges Temperament nach Nahrung verlangt; die Flammen der Begeisterung, die Sie unentwegt schüren, brauchen Sauerstoff. Aber wenn Sie da schon für Nachschub sorgen, etwa in Gestalt neuer Erlebnisse, Eindrücke, Begegnungen etc., dürfen Sie wiederum nicht übertreiben. Sie müßten sonst feststellen, daß die Hektik auch enormen Streß erzeugt. Es ist aber keinem gedient, wenn Sie deswegen plötzlich zusammenklappen. Lassen Sie doch mal Ihren Blutdruck messen!

G 83 Sie sind ein liebevoller Mensch, können zärtlich und hingebend sein, trotz Leidenschaftlichkeit verantwortungsbewußt und treu. Ihre Fröhlichkeit und Ihr Optimismus stekken an und bringen Ihnen viele Sympathiepunkte ein. Man mag Sie, zumal Sie Sinn für Kunst und alles Schöne haben, sich gesellig zeigen und zu genießen wissen.

G 84 Ähnlich G 83, aber Sie übertreiben, sind zu leidenschaftlich, haben eine starke erotische Ausstrahlung und gehen öfter gefühlsmäßig starke Bindungen ein. Allerdings halten diese nur so lange, bis neue, noch stärkere Reize Sie ablenken.

G 85 Sie lassen sich zu rasch auf Abenteuer ein und haben doch nicht das Format, diese zu einem Erfolg zu machen. Ihre Gefühle reißen Sie fort. Sie verzetteln sich und werden leicht das Opfer Ihrer Leidenschaften.

G 86 Ihre Einbildungskraft ist beträchtlich. Dank dieser Phantasie können Sie kreativ werden. Aber Sie sind auch voller

Sehnsucht nach der Ferne, lieben das Ungewöhnliche wie Romantische, wollen verreisen, mögen die Musik und träumen gern.

G 87 Ihre Phantasie rechnet zuwenig mit den realen Tatsachen. Auch muß man vermuten, daß Sie abergläubisch sind und zu sensibel, eventuell aber auch sensitiv. Leben Sie in schlechten Lebensumständen, sind Sie rasch entmutigt, neigen zu Depressionen und brauchen eine Stütze. Fehlt es daran, nehmen Sie die Dinge zu schwer, und Ihr Gemüt hat Mühe, negative Eindrücke zu verkraften. Sie sollten die Kraft des „positiven Denkens" erproben!

G 88 Ihre starke Sehnsucht, Ihre Beeindruckbarkeit und Ihre Phantasie wecken Reisepläne. Sie fühlen sich in Ihrem Milieu zu sehr beengt und streben in die Weite. Große Reisen oder längere Auslandsaufenthalte sind wahrscheinlich. Es ist wichtig, daß die Dinge nicht außer Kontrolle geraten.

G 101 Sie wissen den Wert von Informationen zu schätzen, teils weil dies Ihrer überdurchschnittlichen Wißbegier entspricht, teils weil Sie Nutzen daraus ziehen mögen. Das hat wiederum mit Ihrem praktischen Sinn zu tun. In den Wissenschaften sehen Sie ein gutes Mittel zum Zweck, denn Ihnen kommt es auf die Nutzanwendung an. Insofern lieben sie es auch, konkret zu sein.

G 102 Haben Sie sich eigentlich einmal Gedanken gemacht, warum Sie in der Kommunikation öfter als andere in Streit verwickelt werden? Das hat damit zu tun, daß Sie sehr kritisch sind. Sie analysieren das Verhalten Ihrer Mitmenschen, besonders jener, auf die Sie angewiesen sind oder mit denen Sie zusammen arbeiten oder leben. Wenn Ihnen eine Sache nicht paßt, sagen Sie es auch. Dies geschieht nicht immer in einer verbindlichen Form, wie Sie überhaupt auch zum Widerspruch neigen und sogar Freude daran haben könnten, andere auflaufen zu lassen. In die Enge getrieben, reagieren Sie heftig und sind beißend ironisch.

G 103 Ähnlich wie G 102, doch ist Ihre Erregbarkeit schon fast krankhaft zu nennen. Es fällt Ihnen schwer, zu Ihrer eigenen Handlungsweise Abstand zu gewinnen und sie objektiv zu sehen. So versteifen Sie sich auf Vorurteile und sind empört, wenn andere Ihre Ansichten nicht teilen. Dann reagieren Sie ungewöhnlich gereizt und rechthaberisch. Es gibt auch noch eine andere Reaktion, wenn Sie merken, daß man Ihre Einstellung ablehnt. Dann sind Sie traurig, denn Sie sind ja überzeugt, nur das Beste zu wollen. Auf Prozesse oder ähnliche Auseinandersetzungen sollten Sie sich besser nicht einlassen. Überhaupt wäre es günstig, wenn Sie Ihr eigenes Verhalten kritisch unter die Lupe nehmen würden.

G 104 Wenn man Ihnen sagt, Sie seien engstirnig, sollten Sie einmal darüber nachdenken. Es fällt Ihnen tatsächlich schwer, die eigenen Vorstellungen in einem größeren Zusammenhang zu sehen. Schließlich haben Sie sich ja auch Ihre Überzeugung erarbeitet. Aber Ihr Bild von der Welt und den Menschen berücksichtigt zu sehr die Einzelheiten, die Details und zuwenig die große Linie. Das gilt besonders in Glaubensfragen, in denen Sie zuwenig tolerant sind. Sie sind ein wertvoller Mensch, aber man wird Sie mehr lieben, wenn Sie weniger eigensinnig und eifersüchtig sind.

G 105 Sie lassen sich nicht gern ins Herz schauen. Das hat damit zu tun, daß Sie sich erst Ihrer Sache völlig sicher sein müssen, bevor Sie darüber reden. Sie möchten andere auch nicht mit Ihrer Meinung behelligen, denn Sie sind taktvoll. Ihr etwas reserviertes Verhalten bewirkt, daß man Sie für kühler hält, als Sie tatsächlich sind, denn in vertrautem Kreis können Sie recht lebhaft werden.

G 105a Ihre Phantasie spielt Ihnen manchen Streich. Das führt dann dazu, daß Sie manchmal selbst nicht wissen, wo die Wirklichkeit bei einem Sachverhalt aufhört und die Flunkerei beginnt. Wer sich jedoch öfter als Münchhausen gibt, wird auch dann unglaubwürdig, wenn es um die harte Realität geht.

G 106 Es ist einiges gewonnen, wenn Sie von dem Gedanken „Wie du mir, so ich dir" abrücken. Denn es braucht nicht viel, damit Sie sich sehr aufregen und Rachegedanken ausbrüten. Aber Bosheiten, die man anderen zufügt, fallen schließlich doch auf einen selbst zurück.

G 107 Wenn es etwas gibt, das Sie verdrießt, dann sind es Aufregungen und Unruhe. Derartiges verhindert, daß Sie sich so geben können, wie Sie möchten, nämlich entspannt. Sie möchten es sich bequem machen, wo es geht. Deshalb wirken Sie auch bisweilen recht behäbig.

G 108 Wenn Sie nachdenken, wie oft man Sie schon ausgenützt und in die Enge getrieben hat, kommen Sie bestimmt zu dem Schluß, dies nicht mehr länger mitzumachen. Sie sind einfach zu ängstlich. Mindestens im vertrauten Kreis sollten Sie sich nicht immer freiwillig zu sehr zurücknehmen und nicht erlauben, daß man Sie unterbuttert. Die Realität ist leider unerbittlich. Da hilft es nicht, nur immer nachsichtig zu sein. Auch die übergroße Vorsicht ist unangebracht. Sie bewirkt nur, daß Sie sich Krankheiten einreden, die gar nicht vorhanden sind.

G 109 Häufig sind Sie unruhig, weil Sie alles richtig machen möchten, sich aber scheuen, dies tatkräftig zu tun. Aus

Angst, halbherzig zu wirken, äußern Sie sich zuwenig. Das kann zur Gewohnheit werden, so daß man Ihnen einen Mangel an Offenheit vorhält. Auch wenn man das Herz nicht auf der Zunge tragen sollte, empfinden es Partner als angenehm, wenn man sich vor ihnen nicht verschließt.

G 110 Ihnen liegt viel daran, Ihre Angelegenheiten in Ordnung zu halten oder zu bringen. Aber sehen Sie nicht Ihre eigenen Belange zu vordergründig? Sie reagieren nämlich manchmal zu egoistisch und werden nervös, wenn die Dinge nicht laufen, wie Sie möchten. Achten Sie auf Ihre Lunge, denn sie ist empfindlich.

G 111 Je eher Sie erkennen, daß jeder Mensch im Leben seinen bestimmten Platz hat, um so eher ersparen Sie sich Neid und Ärger. Man kann nicht alles haben und sollte erkennen, daß sich Gier nicht auszahlt. Auf die Dauer fährt auch besser, wer zu seiner Meinung steht, anstatt zu heucheln.

G 112 Sie wissen, wo's langgeht. Man sieht es Ihnen auch an, daß Sie ein dynamischer Mensch sind, voller Kraft und Vitalität. Daß diese für Sie auch Mittel zum Zweck ist, versteht sich für Sie von selbst. Deswegen finden Sie auch nichts dabei, den Leidenschaften freien Lauf zu lassen.

G 113 Ihnen geht es besser, wenn Sie einen gesunden Arbeits- und Lebensrhythmus einhalten. Es ist schließlich nichts gewonnen, wenn Sie sich überarbeiten oder Aufgaben aufhalsen, so daß Sie frühzeitig ermüden und dann passiv werden. Ein Willens- und Körpertraining würde Ihnen guttun.

G 114 Sie waren schon oft in Situationen, in denen Sie sich ungeschickt verhalten haben. Ihre Gegner wissen sehr gut um diese Schwäche und brauchen Sie nur zu reizen. Sie sollten sich über die Dinge stellen, nicht provozieren lassen und damit auch nicht so leicht nervös werden. Stimmt die innere Balance, werden Sie auch zweckmäßiger reagieren.

G 115 Dem Alltag begegnen Sie am liebsten mit Gleichmut. Deshalb erscheint er Ihnen auch wenig farbig. Wie wäre es, wenn Sie ein bißchen mehr Phantasie investieren würden? Ganz ohne Illusionen ist das Dasein fad. Materielle Genüsse allein schaffen auf die Dauer keine Befriedigung.

G 116 Jähzorn und Leidenschaftlichkeit sind Eigenschaften, die an Vitalität gebunden sind, häufig jedoch auch einen zu hohen Blutdruck verraten. Sie müssen einsehen lernen, daß es nicht immer nach Ihrem Kopf gehen kann. Allerdings wäre es falsch, sich selbst zu vergewaltigen. Den richtigen Mittelweg zu finden, das ist die Kunst. Es wird Ihnen leichterfallen, wenn Sie sich klarmachen, daß ein ausgewogenes Verhalten Ihnen mehr Sympathie und Vorteile bringt.

G 117 Ganz offensichtlich fehlt es Ihnen an Erfolgserlebnissen. Doch sollten Sie es nicht als ein unabänderliches Schicksal hinnehmen, wenn Sie nicht immer so zum Zuge kommen, wie Sie möchten. Wenn Sie jedoch schon von vornherein in die Defensive gehen, wird man Sie natürlich zurücksetzen. Da hilft es dann auch nichts, mit Tricks oder auf alle möglichen Arten zu versuchen, wieder Land zu gewinnen. Hüten Sie sich vor Falschheit und Neid, und handeln Sie offen und direkt.

G 118 Haben Sie etwa vor einem Monat (oder zwei) unregelmäßig gelebt? Ihr Körper jedenfalls scheint auf Ernährungsstörungen zu reagieren. Sollten Sie Beschwerden bekommen, müßten Sie den Arzt konsultieren.

G 119 Bewegungsarmut ist leider heutzutage weitverbreitet, so daß Stoffwechselstörungen häufig sind. Auch bei Ihnen wird es an einer vorwiegend sitzenden Lebensweise liegen, daß die Organe nicht immer hundertprozentig arbeiten. Sorgen Sie für mehr Bewegung in frischer Luft.

G 120 Bevor Sie sich demnächst körperlich sehr anstrengen, sollten Sie einmal Ihre Herztätigkeit prüfen lassen. Wahrscheinlich arbeitet die Pumpe nicht mit voller Kraft. Eine zu große Anstrengung könnte dann zum Versagen führen.

G 121 Sie schöpfen zu sehr aus dem vollen. Das zeigt sich auch an Ihrer Herztätigkeit, denn die Pumpe arbeitet zu kräftig. Das aber führt zu einem Blutstau, wodurch die Gefäßwände unnötig belastet werden. Die damit verbundenen gesundheitlichen Gefahren sind Ihnen wohl bekannt.

G 122 Sind Sie überzeugt, daß Ihre Nieren richtig arbeiten? Lassen Sie doch einmal eine Funktionsprüfung vornehmen. Zur Vorsicht sollten Sie den ungesunden Salzkonsum einschränken.

G 201 Ihnen „gehen selten die Pferde durch", d. h. Sie haben sich in der Gewalt, weil Sie erst überlegen und sich besinnen, bevor Sie handeln. Das macht es Ihnen auch leichter, den Standpunkt anderer Menschen zu verstehen. So sind Sie ein geschätzter Mitarbeiter, der auch die Vorstellungen der Kollegen berücksichtigt und auf den Verlaß ist.

G 202 Sie lieben schnelle Entschlüsse, was zur Folge hat, daß Sie sich durch allzu spontane Reaktionen schaden können. Je besser es Ihnen gelingt, Ihre Ungeduld zu bezähmen, um so mehr werden Sie profitieren, auch gesundheitlich. Sie müssen lernen abzuschalten.

G 203 Sie reagieren weder allzu ungeduldig, noch zögern Sie über Gebühr. Man könnte sagen, daß Sie sich situationsgerecht verhalten. Ihre Gesundheit könnte in den ersten Lebensjahren etwas schwach gewesen sein.

G 204 Was das Ende Ihres Lebens anbetrifft, so wird Ihre Vitalität vermutlich nach und nach schwächer werden, auslaufen. Das spricht für ein friedliches Ableben.

G 205 Am Ende Ihres Lebens ist Ihre Vitalität noch keineswegs versandet. Sie sollten sich also vorsehen, damit Sie nicht durch einen Unfall oder ein ähnliches Ereignis Ihr Ende vorzeitig herbeiführen.

G 206 Ihrer Tüchtigkeit können Sie Erfolge zuschreiben. Sie werden Ihnen entsprechend Auftrieb geben, was sich auch in Ihrer Lebenslage zeigen wird.

G 207 Ihre Lebenskraft ist in diesen Zeiten etwas eingeschränkt. So sind Sie nicht widerstandsfähig genug, können erkranken oder geraten (daher) in eine schwierige Situation. Das kann sich als materieller Verlust zeigen.

G 208 Trieb und Drang sind zu stark. Sie beherrschen sich zu wenig, so daß es Differenzen oder Ärgernisse geben könnte. Es kann sich um partnerschaftliche Angelegenheiten handeln, aber auch um Geschäftliches oder um familiäre Dinge. Sie haben da Sorgen.

G 209 In der betreffenden Lebensperiode gibt es gehäuft Ärgernisse oder Verdruß. Sie sind selbst nicht immer gut in Form und daher auch oft schuld an den Unstimmigkeiten.

G 210 Sie sollten um diese Zeit recht gesund leben, denn Ihre Vitalität erweist sich als anfällig. Es könnte sich sogar um eine schwere Krankheit handeln, die sie ernst nehmen sollten.

G 211 In der fraglichen Zeit bessert sich Ihre Gesundheit. Sie gewinnen neue Kraft und überwinden auch leichter ein gesundheitliches Tief. Ihre verbesserte Einsatzbereitschaft erlaubt es, daß Sie neue Pläne schmieden und diese auch realisieren.

G 212 Achten Sie auf Herz und Kreislauf! Da sind in dieser Zeit Ihre gesundheitlichen Schwachstellen. Aber auch Ihre Sehkraft könnte schlechter werden. Sorgen Sie rechtzeitig für eine Korrektur durch eine neue Brille!

G 213 Durch Unachtsamkeit oder Mangel an Konzentration kann es zu dieser Zeit zu einem Unfall kommen. Oder Sie erleben durch ein bestimmtes Vorkommnis eine Erschütterung.

G 214 Sie haben eine robuste und widerstandsfähige Gesundheit und werden sich nach einem Rückschlag relativ rasch erholen.

G 215 Ihre Gesundheit ist eher zart als widerstandsfähig.

G 301 Sie verfügen über einen guten Intellekt und werden Ihr Leben nach Maßgabe Ihres Verstandes gestalten.

G 302 Sie sind ein bißchen ein Querdenker. Es genügt Ihnen nicht, einen Sachverhalt gedanklich zu durchleuchten. Sie denken und reden zuviel drumherum. Damit erwecken Sie den Eindruck, zuviel von sich selbst herzumachen, rechthaberisch und egoistisch zu sein.

G 303 Der Vollständigkeit halber sei erwähnt, daß die Chiromanten in den vergangenen Zeiten der Ansicht waren, daß eine extrem kurze Kopflinie auf einen frühen Tod weist.

G 304 Sie sind geistig beweglich, verstehen sich anzupassen und Anregungen aufzugreifen. Insofern sind Sie beeinflußbar und damit auch von den Eindrücken und Einflüssen Ihrer Umwelt abhängig. Das führt dazu, daß Sie manchmal zerstreut sind, worunter Ihre Entschlußkraft leiden könnte.

G 305 Geduld ist nicht gerade Ihre starke Seite. Sie reagieren recht plötzlich und impulsiv, was sich als eine beträchtliche Fehlerquelle erweisen könnte. Um mehr Erfolg im Leben zu haben, sollten Sie lernen, sich in Geduld zu üben und die Nebenumstände Ihrer Unternehmungen immer gut zu bedenken.

G 306 Sie sind ein Mensch, der weiß, daß vor jeder Tat eine ausreichende Überlegung und Besinnung die Chance, Erfolg zu haben, beträchtlich erhöht. Die Beachtung von Nebenumständen, etwa des „Kleingedruckten", bewahrt Sie vor jenen Fehlern, die z. B. leicht in Fettnäpfchen tappen lassen. Sie werden auch durch Anpassung profitieren und bringen gute Voraussetzungen mit, diplomatisch zu handeln.

G 307 In der fraglichen Zeit neigen Sie zu einer Kopfverletzung oder Schädigung der Kopfnerven, so daß Sie nicht zuviel riskieren dürfen.

G 308 Wenn Sie noch jung sind, sollten Sie sich eine Tätigkeit suchen, die Ihren Kopf nicht zu sehr anstrengt.

G 309 Mystik und Poesie üben auf Sie einen seltsamen Reiz aus. Sie sind ein Träumer, ein Idealist. Lassen Sie jedoch Ihre Gedanken nicht zu weit schweifen, damit Sie nicht den Kontakt zur Realität einbüßen.

G 310 Ähnlich G 309, doch sind Sie auch sehr grüblerisch veranlagt. Wenn es dann im Leben mal Perioden gibt, in denen Sie Stagnation oder Rückschlag, eine Trennung, einen Verlust oder eine materielle Einbuße verkraften müssen, sackt Ihr Stimmungsbarometer zu sehr ins Tief. Es dauert dann auch längere Zeit, bis Sie wieder zuversichtlich werden. Die Lehre daraus sollte sein, nicht zu viel zu grübeln.

G 311 Kopf und Nerven sind in den fraglichen Zeiten wenig belastbar. Lassen Sie Beschwerden nicht anstehen. Oftmals liegt es nur an einer Verschlechterung des Sehvermögens, wenn man Kopfschmerzen hat.

G 312 Sie überlassen sich zu sehr Ihren Gefühlen. Es ist nötig, daß Sie Ihre Vernunft nicht brachliegen lassen, sondern auch gebrauchen.

G 313 Die alten Chiromanten würden in Ihrem Fall darauf hingewiesen haben, daß in vielen Fällen ähnlich Veranlagte ihrem Leben selbst ein Ende gesetzt hatten. Das mag die Konsequenz gewesen sein, wenn ein Mensch mit seiner Situation nicht zurechtgekommen ist.

G 314 Sie sollten in einer möglichst heiteren Umwelt leben, denn Sie sind sehr empfindsam. Da kann Ihnen schon schlechtes Wetter aufs Gemüt schlagen, ganz zu schweigen von schwerwiegenden Erlebnissen oder Nachteilen.

G 401 Sie sind ein sehr aktiver Mensch, der seine Vitalität ausleben will. Das zeigt sich in Ihrem erotischen Verhalten. Ihre Neigungen äußern Sie genau, ja oft zu heftig. Nicht jeder Partner/jede Partnerin wünscht oder erträgt dies. Er/sie spricht dann von Gewalttätigkeiten Ihrerseits, während Sie meinen, es handele sich um normale Reaktionen. Mißverständnisse in der Partnerschaft können auf diese Weise vorprogrammiert sein.

G 402 In Ihren sinnlichen Reaktionen zeigen Sie sich sehr zurückhaltend. Dies entspricht dem Umstand, daß zuviel Vernunft in Ihre Triebregungen einfließt. Partner könnten Ihnen das als einen Mangel an Gefühl vorhalten. Da es nicht in Ihrem Wesen liegt, besonders leidenschaftlich und heftig zu reagieren, sollten Sie Ihre Hemmungen wenigstens insoweit abbauen, als Sie sich zu mehr Zärtlichkeit und edler Feinfühligkeit bekennen. Hierfür wäre die Gleichförmigkeit der Empfindungen eine gute Voraussetzung.

Eine gewisse Gefahr liegt jedoch in einer solchen Grundhaltung, wenn man nicht nach der angezeigten Veredlung strebt. Denn dann breitet sich Herzensarmut aus, und diese ist dann das Feld für Egoismus, Neid, ja selbst für Grausamkeiten.

G 403 Menschenkennern, die Ihr Naturell einschätzen sollen, wird Ihre „weibliche" Empfindsamkeit auffallen. Deswegen „weiblich", weil Sie Ihre Reaktionen nicht der Logik unterwerfen. Wer aber so starken Emotionen ausgesetzt ist, kann von ihnen überrannt werden. Z. B. werden Sie Eifersucht als sehr quälend empfinden und das damit verbundene Problem auch nur unvollkommen mit Hilfe Ihres Intellekts aufarbeiten können.

G 404 Ihre Gefühle in Partnerschaften sind außergewöhnlich intensiv. Besitzdenken könnte zum Beispiel eine Rolle spielen, denn Ihre innere Harmonie gerät leicht in Gefahr. Sie fühlen sich oft beunruhigt oder gequält, denn es braucht nicht viel, daß Sie sich unbefriedigt und im Stich gelassen fühlen.

G 405 Selbst reine Herzensangelegenheiten vermögen Sie nicht losgelöst von materiellen Erwägungen zu verstehen. Das kann in einer Partnerschaft ein ungutes Klima geben. Wenn Ihnen an einer glücklichen Zweisamkeit liegt, dürfen Sie intimes Herzensglück nicht mit Geld oder Besitzangelegenheiten in Verbindung bringen.

G 406 Geht es um Liebe, Freundschaft, also kurz gesagt um das „Du“, fehlt es Ihnen bisweilen an der Fähigkeit, einer Beziehung den richtigen Stellenwert zu geben. Sie sehen meistens sich selbst im Vordergrund, beziehen alles auf sich und den „Nutzen“, den Ihnen eine solche Herzensbindung bringen könnte. Da Sie aber durchaus empfindsam sind, müßte es möglich sein, daß Sie sich von solchem negativen Zweckdenken lösen.

G 407 Zu Herzensangelegenheiten haben Sie vielfach eine falsche Einstellung, ohne sich dessen immer bewußt zu sein. Das kann mit Ihrer Erziehung oder mit früheren Erlebnissen zusammenhängen, etwa daß Sie Fehler bei der Partnerwahl gemacht haben. Diese wirken nach. Das Ergebnis ist eine gewisse Unsicherheit. Sie schwanken zwischen Vorsicht, die man Ihnen leicht als Herzenskälte auslegen könnte, und Leidenschaftlichkeit, die aber auch nur kurzfristig währt. So scheint es wichtig, daß Sie lernen, konsequent zu sein und einem Mittelweg zu folgen. Unterdrükken Sie Ihre Unsicherheit nicht, indem Sie sich abschließen, aber tun Sie auch nicht so, als müßten Sie ein Draufgänger sein, der gar nicht anders handeln kann.

G 408 Ein Flirt ist für Sie eine Art Elixier. Doch anstatt dieses mäßig zu verwenden, übertreiben Sie. Koketterie ist Ihnen schon zur zweiten Natur geworden. Ist es Ihnen dann einmal ernster, nimmt man Ihnen Ihre intensive Werbung nicht ab. Um mehr echte Erfolge zu haben, bei denen auch Ihre menschliche Qualität besser zur Geltung kommt, dürfen Sie nicht den Eindruck der Flatterhaftigkeit erwecken. Auch Nervosität könnte ins Bild passen. Deshalb müßten Sie wohl auch einen gesünderen Lebensrhythmus finden.

G 409 Sie wissen, was Sie wollen, und Sie zeigen das auch in Liebe und Freundschaft. Ihr Partner oder Ihre Partnerin haben wenig Ansatzmöglichkeiten, Sie zu beeinflussen. Sie gelten daher als stur in Ihren Gefühlen.

G 410 Wenn Sie demnächst einmal zu einer ärztlichen Untersuchung gehen, sollten Sie fragen, ob Sie ein nervöses Herz haben. Sie reagieren sehr empfindlich auf Verzicht, Liebesentzug, Eifersucht. Das ganze Körpergeschehen kann davon betroffen werden. Ihnen läuft dann leicht „eine Laus über die Leber", denn dieses Organ scheint betroffen.

G 411 Um das fragliche Jahr haben Sie eine schwere seelische Erschütterung erlebt. Wenn dieser Termin noch vor Ihnen liegt, können Sie sich darauf einstellen, und Sie werden sich dann weniger betroffen fühlen.

G 412 Man muß annehmen, daß Ihr Herz auf feine Schwingungen reagiert und weder Aufregungen noch Hektik verträgt. Besprechen Sie mit Ihrem Arzt, was Sie zur Stärkung Ihres Herzens tun können. Wahrscheinlich müssen Sie einiges an Ihren Lebensumständen ändern, denn diese beschäftigen Sie zu sehr.

G 413 In der fraglichen Zeit reagieren Sie besonders intensiv auf einen Schrecken oder auf eine seelische Erschütterung. Da kann es schon eine Hilfe sein, wenn Sie sich einmal grundsätzliche Gedanken machen, wie Sie leben, mit wem Sie Ihr Dasein teilen und wie sich dieses erfüllter gestalten läßt.

G 414 Achten Sie darauf, daß andere, fremde Personen nicht zu großen Einfluß auf Ihre Aktivitäten und Entscheidungen nehmen. Sie neigen dazu, deren Wert falsch einzuschätzen, und sind dann enttäuscht oder fühlen sich durch diese Leute hintergangen.

G 415 Sie können erwarten, daß sich Ihre Situation in der zweiten Lebenshälfte fühlbar bessert. Damit sind die Aussichten für Ihr Alter erfreulich, denn es wird Ihnen dann bessergehen, als Sie in jungen Jahren erwarten konnten.

G 501 Sie sollten Ihrem eigenen Glück vertrauen, denn Ihre Unternehmungen versprechen Erfolg.

G 502 Wenn Sie in jüngeren Jahren noch nicht den Erfolg gehabt haben, den Sie eigentlich aufgrund Ihrer Tüchtigkeit hätten haben müssen, so kann das an der Einmischung von Verwandten gelegen haben. Dagegen haben Sie vermutlich aufbegehrt, übrigens ein recht gutes Anzeichen für einen angeborenen Hang zur Selbständigkeit.

G 503 Ihr Lebenserfolg hängt sehr vom anderen Geschlecht ab, auch vom Publikum oder der Öffentlichkeit. Sie haben aber eine große Phantasie und ein vorzügliches Einfühlungsvermögen. Deswegen erahnen Sie, was die Leute von Ihnen wollen – und Sie geben es ihnen. Das ist das „Geheimnis“ Ihres Erfolgs. Ausgeprägt ist auch Ihr Sinn für Kunst und Kultur, überhaupt für alles Schöne, auch was die Natur in dieser Hinsicht bietet.

G 504 In der ersten Lebensperiode mag es Ihnen materiell nicht besonders gutgegangen sein, oder Sie kamen nicht so zum Zug, wie es für Ihr Fortkommen wünschenswert gewesen wäre. Das wird sich aber zur fraglichen Zeit ändern.

G 505 Ihr Lebensweg verläuft etwas eigenartig. Das kann damit zusammenhängen, daß Sie sich nicht gern unterordnen oder nach vorgegebenen Zielen richten. Oder Ihre Lebensumstände sind so, daß Sie wenig dazu beitragen können, dem Dasein Farbe zu geben. Bescheiden sein, zurückstecken oder gar resignieren sollten Sie aber nicht.

G 506 Sie haben Erfolg in jenen Bereichen, die nur durch harte Arbeit zu beherrschen sind. Vorwiegend kann das natürlich eine Tätigkeit sein wie in Land- und Forstwirtschaft, aber es gibt auch genügend andere Gebiete, bei denen man sich ins Zeug legen muß.

G 506a Es wird Ihnen nichts geschenkt, ja Sie müssen oder dürfen (!) bis zum letzten Atemzug tätig sein. Es ist ein ausgefülltes Dasein, doch würden Sie ein bißchen mehr Hilfe durch Fortuna doch sehr begrüßen.

G 507 Gewiß, Sie müssen sich anstrengen, aber es lohnt sich auch. Die Ergebnisse Ihrer Tätigkeit überzeugen: Sie werden geachtet und geehrt, gewinnen Einfluß und damit auch Macht über andere. Nicht zuletzt dürfte sich das finanziell ausdrücken.

G 508 Zwar kann man Ihnen nicht einen gleichmäßigen glücklichen Erfolg vorhersagen, aber Sie finden Bestätigung in einer künstlerischen oder vergleichbaren Tätigkeit. Sie werden auch durch Spekulationen gewinnen. Weil aber das Glück launisch ist, werden derartige Ereignisse nicht zu sehr Ihren Wohlstand heben.

G 509 In Ihrem Dasein geht es auf und ab. So erscheint Ihr Schicksal unruhig und durch Wechsel und Veränderungen gekennzeichnet.

G 510 Ihre Pläne hinsichtlich Ihrer persönlichen Zukunft mögen durchaus realistisch gewesen sein. Aber die Verwirklichung Ihrer Absichten stieß oder stößt dennoch auf Schwierigkeiten. Akzeptieren Sie, daß es so ist, wie die Dinge liegen, denn mit Geduld nehmen Sie die Hürden.

G 511 Wahrscheinlich waren manche Anstrengungen für Ihren Körper zu belastend, denn die Ursache für manchen Mißerfolg liegt in der mangelnden Widerstandskraft Ihres Organismus. Sie werden das künftig mehr berücksichtigen.

G 512 In der fraglichen Zeit haben Sie Rückenwind. Sie merken, daß sich Ihre Lebensumstände bessern und daß Belange, die Ihnen sonst Kopfzerbrechen bereitet haben, nunmehr glattergehen werden.

G 513 In der fraglichen Zeit liegt ein Trend zu einem Berufs- oder Ortswechsel, jedenfalls zu einer ziemlich einschneidenden Veränderung Ihrer Lebenslage. Aber es wird nicht zu Ihrem Nachteil sein, da sich Ihr Dasein nun unter anderen Verhältnissen fortsetzen kann.

G 514 In der fraglichen Zeit gibt es berufliche Veränderungen, die sehr deutlich spürbar sind.

G 514a In der fraglichen Zeit gibt es Veränderungen, zu denen der Anstoß von der Familie kommt oder die Ihre familiäre Lage betreffen.

G 515 In der fraglichen Zeit wird Ihnen Anerkennung zuteil. Sie werden gefördert oder stoßen auf hilfreiche Umstände, so daß es leichter und schneller vorangeht.

G 516 In der fraglichen Zeit werden Sie nicht mehr im gleichen Maß wie zuvor Fortschritte machen. Stellen Sie sich darauf ein, mehr Kraft und Initiative aufbringen zu müssen, um Nachteile zu vermeiden oder auszugleichen.

G 517 In der fraglichen Zeit gibt es einen spürbar negativen Trend, vielleicht ein ungutes Ereignis, etwa den Verlust einer Stellung oder ähnliches.

G 518 In der fraglichen Zeit verläuft Ihr Leben unruhig und ungewöhnlich. Ihr Schicksal hängt jetzt stärker von bestimmten Personen oder Umständen ab – zu sehr, als daß Sie selbst planen und das Ruder in die Hand nehmen könnten. Es kann auch sein, daß Sie sich vor eine Situation gestellt sehen, die Sie keineswegs gleich überblicken. Es heißt, vorsichtig, aber nicht mutlos zu sein und schon gar nicht zu resignieren!

G 519 Nicht jeder hat das Glück zu erleben, daß die Mühe sich gelohnt hat und sich am Ende des Lebenswegs Erfolge einstellten. Sie sollten lernen, die Dinge kritisch zu sehen und sich keinen zu hochgespannten Erwartungen hinzugeben – aber auch immer bedenken, daß man „des Geschikkes Mächten" nicht immer so ausgeliefert ist, wie es manchmal scheinen mag.

G 520 Im Laufe Ihres Lebens kommen Sie an einen Punkt, von dem an sich Ihr Schicksal leichter gestalten wird. Das hängt damit zusammen, daß Sie dann nicht (mehr) eingleisig fahren werden, sondern verschiedene Möglichkeiten entdecken bzw. wahrnehmen, Ihre Existenz zu bestreiten. Aus mindestens zwei Quellen oder Tätigkeiten ziehen Sie Nutzen. Doch nicht nur beruflich ergeben sich somit erfreuliche Perspektiven. Diese lassen auch einen deutlicheren gesellschaftlichen Aufstieg erwarten, durch den Sie Ihren Ehrgeiz besser befriedigen können.

G 601 Die schönsten Erfolge, die Sie in Ihrem Leben erzielen, verdanken Sie sich selbst und Ihrer Tatkraft.

G 602 Ihre ausgezeichnete Intuition macht sich vor allem bemerkbar, wenn es gilt, den rechten Weg zum Erfolg zu finden. Das geschieht schon in jungen Jahren, doch bleiben Ihnen Erfolg, Ruhm und Anerkennung auch treu – wie bei Goethe und Napoleon I.

G 603 Wenn Sie sich mit der Kunst beschäftigen, entspricht das durchaus Ihrer Begabung. Das gilt aber auch für die Liebe zur Natur. Doch Sie sind auch abhängig von den Launen des Schicksals.

G 604 Es ist Ihr Schicksal, sich mit Kunst zu befassen.

G 605 In jungen Jahren müssen Sie um Anerkennung ringen und Rückschläge verkraften. Ihr Vorwärtskommen ist erschwert.

G 606 Um ein künstlerisches Ziel zu erreichen, müssen Sie kämpfen und sich unermüdlich den Anforderungen stellen.

G 607 Der Erfolg in Angelegenheiten, die Ihnen eine tiefere innere Befriedigung gewähren sollen, vor allem auch in den Bereichen Kunst und Natur, darf nicht zu früh im Leben erwartet werden.

G 608 Der Erfolg, den Sie vor allem in künstlerischer Hinsicht haben könnten, hält nicht über längere Zeit an.

G 609 Sie haben Interesse an Musik. Sie wäre für Sie mindestens ein gutes Hobby, das Ihnen Entspannung verspricht.

G 610 Daß Sie im Leben Erfolge haben, hat einen guten Grund: Sie konzentrieren sich und sind somit voll dabei, wenn Sie eine Aufgabe zu lösen haben. Das wirkt sich auch gerade auf künstlerischem Gebiet, oder wenn es um kulturelle Leistungen geht, günstig aus.

G 611 Sie sind von zarter Empfindsamkeit und verfügen über ein beachtliches künstlerisches Potential. Wenn Sie noch jung sind, sollten und werden Sie Ihrer inneren Berufung folgen und zu einer idealen Vollendung gelangen.

G 612 Was Ihren Schicksalsweg anbelangt, so wird Ihnen nicht in allen Lebensperioden gleichmäßige Anerkennung zuteil. Gerade was künstlerische oder kulturelle Betätigung anbelangt, gibt es Störungen von außen, die aber in Ihnen selbst Zweifel aufkommen lassen. Ruhm, Ehre, Anerkennung sind beträchtlichen Schwankungen unterworfen und können auch zu einer zweifelhaften Berühmtheit Anlaß geben.

G 613 Sie treten vielfach auf der Stelle, setzen sich nicht im gewünschten Maße durch – vielleicht bleibt Ihnen die Anerkennung immer wieder versagt. Wahrscheinlich überschätzen Sie Ihr Talent.

G 614 Sie haben schöne Erfolgsaussichten in Kunst und Kultur, werden öffentlich anerkannt oder populär.

G 615 Leichtsinn und Vergnügen gefährden besonders künstlerische Erfolge oder solche auf kulturellem Gebiet.

G 616 Hüten Sie sich, den Neid und die Mißgunst von Verwandten zu wecken, denn von dieser Seite her kann man Ihnen Schaden zufügen.

G 617 In Ihrem Bemühen, aufzusteigen und anerkannt zu werden, sehen Sie sich durch Neid und Intrigen behindert. Man wird versuchen, Ihre Pläne zu stören und Ihnen Steine in den Weg zu legen.

G 701 Sie haben zahlreiche Erfolgsmöglichkeiten, wenn Sie auf sich selbst und Ihre Fähigkeiten vertrauen.

G 702 Fröhlichkeit, Zuvorkommenheit und ein natürlicher Charme sind sehr fördernde Eigenschaften. Aber Sie flirten auch gern und sind rasch zu verführen. Dennoch überwiegen die Erfolge, da Ihre Vitalität auch für ein langes Leben reicht.

G 703 Daß Sie leicht erregbar sind, könnte vor allem eine Ursache in Ihrer körperlichen Verfassung haben.

G 704 Ihre Vitalität ist enorm, weshalb Sie sich Ihre Jugendlichkeit lange bewahren und ein beträchtliches Alter erreichen können. Außerdem wenden Sie Ihr Wissen geschickt an und profitieren von Ihrer geistigen Beweglichkeit.

G 705 Ärger und Verdruß schlagen Ihnen auf den Magen, wie überhaupt auch Nervosität oder nervliche Empfindsamkeit einen beträchtlichen Einfluß auf Ihr Körpergeschehen haben.

G 706 Wie G 705, jedoch kann zusätzlich Ihre Phantasie einen ungünstigen Einfluß auf Ihre Nerventätigkeit haben. Das kann sich störend auswirken, weil Ihre Konzentration dadurch beeinträchtigt wird.

G 707 Ihre intuitive Wahrnehmung ist zwar beschränkt, dafür aber sind Sie in der Lage, wissenschaftliche Sachverhalte zu erkennen und logisch zu denken.

G 708 Stärker als Ihre Vernunft ist der Einfluß des Unbewußten auf Ihre Handlungsweise. Sie könnten sogar über Kräfte der „außersinnlichen Wahrnehmung" verfügen.

G 709 Halten Sie sich fern von zweifelhaften Verbindungen! Sie kämen durch diese nur in Schwierigkeiten.

G 710 Sie ziehen Nutzen aus Kunst und Kultur, sind aber auch für einen Heilberuf geeignet, denn Sie haben eine starke Ausstrahlung.

G 801 Sie sind von einer zarten erotisch-sinnlichen Empfindsamkeit, ausgezeichnet durch Sinn fürs Ästhetische, empfinden beglückt die Harmonie von Farben und Tönen.

G 802 Launen und Reizbarkeit haben nicht zuletzt ihre Ursache in Nervosität. Die Folge kann körperliche Schwäche sein, die sich in allem, was die Sinnlichkeit angeht, störend bemerkbar macht.

G 803 Sie sprechen ein wenig zu stark auf sinnlich-erotische Einflüsse an. Die Folge könnte ein falsch verstandener Lebensgenuß mit für Sie unangenehmen Folgen sein.

G 804 Zwar gibt es bei Ihnen ein deutliches Interesse an sinnlicher Erotik, aber dank Ihrer festen Konstitution nehmen Sie dadurch keinen Schaden und werden sich, wenn auch in Maßen, zu beherrschen wissen.

G 805 Aus Ihrem durchschnittlichen Interesse an sinnlicher Erotik verstehen Sie das Beste zu machen.

G 821 Gemäß der Milchstraße in Ihrer Hand würden Sie durch glückliche Umstände gefördert, etwa durch die Gunst von Personen des anderen Geschlechts.

G 822 Da Sie Ihre Leidenschaften nicht ausleben können, sondern unterdrücken (müssen), sind Sie nervös. Das bringt Sie um manche Sympathie.

G 823 Ein Chiromant würde Ihnen Glück durch eine weite Reise oder ein Leben in Übersee prophezeien.

G 831 Sie verfügen über die Fähigkeit des Hellsehens, ohne daß Ihnen das bisher bewußt gewesen sein müßte. Es kann sein, daß Sie richtige und sinnvolle Entscheidungen treffen, obwohl dies oft gegen Vernunft und Logik geschieht.

G 832 Ihr Benehmen wirkt manchmal recht exzentrisch. Es wäre günstig, wenn Sie mehr der Vernunft als Ihrer „inneren Stimme“ vertrauen würden, denn auf diese können Sie sich nicht verlassen.

G 833 Wie G 831, jedoch noch stärker ausgeprägt.

G 841 Es gibt etliche Ursachen, die Ihren beruflichen oder gesellschaftlichen Aufstieg erklären können. Eine davon ist Ihre Herkunft oder die Hilfe Ihrer Familie.

G 842 Es hält Sie nicht in Ihrer bisherigen Umgebung. Deshalb sind Sie reiselustig. Die Weiten des Ozeans locken. Sie überlegen sogar, ob Sie nicht für immer ins Ausland gehen sollten.

G 843 Um aufzusteigen und Ihren Lebensplan zu gestalten, müssen Sie hart arbeiten. Und nicht immer wird der volle Einsatz entsprechend belohnt.

G 851 Die Zahl der Zuneigungslinien entspricht den wirklich tiefen, aufwühlenden Verbindungen. Sie können eine richtige Ehe bedeuten oder aber eine eheähnliche Beziehung.

G 852 Eine Verbindung ist sehr intensiv, kann leidenschaftlich sein oder hat andere tiefgehende Ursachen, so daß Ihre Gefühle voll absorbiert werden.

G 853 Ihre Gefühlsbindungen sind nicht so intensiv, daß Sie davon voll beansprucht würden. Daher gibt es einige.

G 854 Ihre Verbindung ist glücklich. Es kann sein, daß es sich um eine Beziehung mit spürbarem Altersunterschied handelt. Sie ist stabil, weil ein Partner seine Reife und Erfahrung einbringt, der andere sie aber durch neue Impulse immer wieder neu belebt.

G 855 Ihre Partnerschaft hat für die Dauer keine guten Aussichten. Das hängt mit der sehr unterschiedlichen Temperamentslage zusammen. Deshalb entwickeln sich beide Partner in verschiedenen Richtungen. Man hat füreinander nichts mehr übrig, die Liebe ist erloschen.

G 856 Ihre Ehe oder Partnerschaft verläuft nicht befriedigend. Sie empfinden es als schwierig, mit dem Partner bzw. der Partnerin auf die Dauer auszukommen.

G 857 Ihre Ehe oder Partnerbeziehung könnte durch eine Trennung ein abruptes Ende finden.

G 858 Meinungsverschiedenheiten oder Streit sind in Ihrer Ehe an der Tagesordnung. So wird auch an eine Trennung für immer gedacht, doch kommt es nicht dazu.

G 859 Sie hängen so an Ihrem Partner, daß Sie über seinen Verlust eine zu tiefe Trauer empfinden.

G 860 Chiromanten würden Ihnen den Tod Ihres Partners prophezeien.

G 861 Sie sind so stark von Ihrem Partner/Ihrer Partnerin verzaubert, daß Sie sich gegen diese tiefe Empfindung nicht wehren können, Sie sind ihm/ihr hörig.

G 862 Sie haben eine Partnerbeziehung, die in sich sehr unklar ist. Es kann sie ein Geheimnis umgeben, oder die Umstände sind auf andere Art, die sich Ihrem Einfluß entzieht, verwickelt und erweisen sich als schwierig.

G 871 Ihr inneres Gleichgewicht ist bemerkenswert. Es ist so stabil, daß auch Phasen der Unsicherheit im Leben gut überwunden werden. Die wichtigsten Faktoren sind Ihre Gesundheit, Ihre Intelligenz und die geistige Klarheit, die hier zusammenwirken. So sind Sie in Ihrem Wesen von einer anziehend wirkenden Großzügigkeit wie von vitaler Energie und harmonischer Ausstrahlung.

G 872 Es fehlt Ihnen an der inneren Balance. Die Unausgewogenheit beeinträchtigt Ihre grundsätzliche Einstellung, etwa in der Toleranz oder Großzügigkeit anderen gegenüber. Aber es wird auch mehr oder weniger länger andauernde Phasen in Ihrem Leben geben, in denen Ihre Vitalität nicht gut ist.

G 881 Sie haben eine bemerkenswerte Fähigkeit, sich geistig anzupassen. Ihre stärke Seite ist es, alle Dinge miteinander in Beziehung zu setzen. So liegt Ihnen auch eine berufliche Tätigkeit, die auf allgemeingültigen Vorstellungen gründet. In einem freien Beruf bewähren Sie sich.

G 882 Es fehlt Ihnen aus mancherlei Gründen an der Fähigkeit oder auch an der Bereitschaft, sich intensiv auf andere einstellen zu können. Evtl. sind es Vorbehalte oder vorgefaßte Meinungen, die eine gewisse Einspurigkeit begünstigen. Beruflich sind Ihre Möglichkeiten etwas eingeschränkt.

G 891 Sie sind sehr hilfsbereit und großzügig. Sie laufen Gefahr, in Ihrer Gutmütigkeit ausgenutzt zu werden. Seien Sie also nicht zu weitherzig, verfallen Sie aber auch nicht brüsk ins

Gegenteil. Die Mitte zu halten ist wichtig. An einem gesunden Urteil fehlt es Ihnen ja nicht.

G 892 Natürlich haben Sie auch ein Herz, wer hätte das nicht? Aber Sie sehen auch Ihren Vorteil. Es kann etliche Gründe geben, warum Sie „zugeknöpfte Taschen" haben. Vielleicht sind es bittere Erfahrungen, oder Sie mußten in Ihrer Kindheit Not leiden, was Sie nun vorsorglich handeln läßt. Möglicherweise verspüren Sie starken Druck, oder es liegt einfach in Ihrer Natur, „ökonomisch" zu sein. Lassen Sie es aber nicht so weit kommen, daß man Ihnen Geiz vorwirft. Außerdem könnte man Ihnen Rechthaberei nachsagen. Man kann auf eine Disposition zu Asthma schließen.

Allgemeine Lebensfragen

Wer zu erkennen gibt, daß er sich für Handdeutung interessiert, hat gleich sein Publikum. So wichtig für einen angehenden Chirologen (= Handdeuter) das Studium möglichst vieler Hände auch ist, sollte er doch mit Urteilen oder Feststellungen vorsichtig sein.

Etwa auf die Fragen nach Krankheit oder Tod darf man nur mit großer Zurückhaltung – wenn überhaupt – etwas sagen. Es wäre unverantwortlich, wollte man gar ein bestimmtes Todesjahr nennen. Erstens ist dies definitiv nicht möglich, zweitens muß man sich klarmachen, welche Folgen das haben könnte. Eine einzige unüberlegte Bemerkung, auch nur in einem Nebensatz geäußert, kann sich dem Fragesteller unvergeßlich einprägen und wird ihn möglicherweise während der angegebenen Zeit in schwere seelische Bedrängnis stürzen. Noch schlimmer wäre es, wollte sich ein Handdeuter aus purer Eitelkeit mit seinen Kenntnissen wichtig machen.

Man sollte nicht in die Rolle eines Chiromanten schlüpfen, eines Wahrsagers, sondern ein Forscher und damit selbst ein Suchender sein. Schließlich ist keine Hand wie die andere, und selbst wer Tausende gesehen hat, wird immer noch dazulernen.

Feststellungen, die das Schicksal angehen, treffe man – wie in der Horoskopie – grundsätzlich im Konjunktiv, also in der Möglichkeitsform.

Auch beachte man, daß die Gegenwart dritter Personen bei einer Handanalyse sehr störend sein kann. Wer sich ihr unterzieht, weiß, daß ganz persönliche Dinge zur Sprache kommen. Die aber möchte man nicht vor anderen ausgebreitet sehen.

Nicht nur bei den Aussagen zum Charakter sollte man sich bemühen, dem Fragesteller zu helfen. Man muß sich in seine Lage versetzen, sein Anliegen verstehen. Dann wird man begreifen, wie wichtig es ist, Mut zu machen, selbst einem negativen Sachverhalt etwas Positives abzugewinnen.

Wie lange werde ich leben?

Man muß sich hüten, etwa allein nach den Armringen zu urteilen. Auch die Lebenslinie, für sich genommen, erlaubt noch keine Aussage. Vielmehr muß man die Länge und Beschaffenheit von Lebenslinie, Kopflinie und Herzlinie untersuchen und die Armringe hinzuziehen. Es müssen eindeutige Merkmale in beiden Händen vorliegen. Kommt man zu der Vermutung, daß das Leben nur kurz sein könnte, sollte man etwa formulieren: Wie lange Sie leben werden, weiß ich nicht. Wenn Sie sich Sorgen machen, können Sie immerhin einiges tun, um Ihre Vitalität zu stärken. So verbessern und erhöhen Sie Ihre Lebenskraft durch eine gesunde, natürliche Lebensweise etc. Man weise auf mögliche Organschwächen hin und wie man vorbeugen kann, auf einen gesunden Rhythmus, wenn dieser störanfällig sein sollte, etc.

Werde ich heiraten?

Natürlich denkt man da zunächst an die Ehe- oder Zuneigungslinien. Das ist berechtigt. Aber ob jemand zur Ehe tauglich ist, hängt von der Gesamtpersönlichkeit ab. Wie steht es etwa um die Anpassungsbereitschaft (siehe Daumen)? Verantwortungsgefühl (siehe Herzlinie)? Moral (siehe Saturnfinger und -berg)? Vielseitige Interessen (siehe Apollo- und Merkurfinger und -berge)? Sexualität (siehe Venusberg mit seinen Linien)? Hat der Ehekandidat etwa Pascha-Allüren (siehe Daumenform, Jupiterfinger bzw. -berg)? Kann er arbeiten, um eine Familie zu ernähren (siehe Schicksalslinie)?

Man darf dabei auch nie vergessen, daß es Dinge gibt, die nicht in der Hand (oder im Horoskop) stehen, die aber von Bedeutung sind: Herkunft, Erziehung, Vorbild der Eltern etc.

Gerade dem Thema Heirat widmen die Chiromanten viel Aufmerksamkeit. Reicht etwa die Schicksalslinie bis zur Herzlinie und endet an dieser, wird kombiniert: Ende aller materiellen Sorgen durch eine Heirat.

Werde ich einmal reich sein?

Manche Menschen haben eine „Geldlinie". Sie läuft quer zu Herzlinie und Kopflinie, beginnt etwa im oberen Marsberg und führt zum Apolloberg. Ist sie gut ausgeprägt, bedeutet dies Geld oder Gewinn, ist sie jedoch zerrissen, heißt das Verluste.

Wie viele Kinder werde ich haben?

Auf diese Frage sollte man nicht antworten, weil man – wie auch aus einem Horoskop – aus den Händen nur ersehen kann, was den Fragesteller selbst angeht. Das schließt nicht aus, für sich selbst zu prüfen, was an den „Kinderlinien" (siehe Ehelinien) dran ist.

Welche Krankheiten kann ich bekommen?

Es gibt typische Merkmale, die man aber genau studiert haben muß, bevor man sich äußert, etwa die uhrglasförmig gewölbten Fingernägel bei Lungenleiden, das Fehlen der Nagelmonde bei Herzneurosen, allgemeine Nervosität oder Leiden des Herzens, oder Brüche in Kopf- und Herzlinie. Ein enger Handtisch weist auf Neigung zu Asthma. Die Lebenslinie untersuche man auf Brüche, Inseln, abwärts führende Äste, um chronische Krankheiten oder Zeiten von möglichen Schwächezuständen zu ermitteln. Schwächen der Verdauung wie der Leber sind an einer unterbrochenen oder zerrissenen Merkurlinie abzulesen usw.

Eine Disposition zu Gemütsleiden bzw. Depressionen wird man aus dem Verhältnis Saturn–Mond in der Hand (wie im Horoskop) erkennen können (etwa ein tiefer Saturnberg und eine in den Mondberg führende Kopflinie, auch ein tiefer Punkt in der Herzlinie).

Habe ich im Leben (überhaupt) „Glück"?

Meistens wird eine solche Frage ohne vieles Nachdenken gestellt, wobei jeder aber etwas anderes unter „Glück" versteht. Das sollte zunächst der Ansatz für ein Gespräch sein.

Im übrigen kann natürlich die Schicksalslinie am ehesten Hinweise geben, z. B. über Glück in eigenen Angelegenheiten (also durch eigenes Tun, wenn sie etwa aus der Handwurzel kommt), daß man wohlhabend wird (obwohl das zwar relativ ist, sollte die Schicksalslinie aber doch zum Jupiterberg hinführen).

Wann habe ich „Glück"?

In das Gebiet der Chiromantie, also des Wahrsagens, fallen die *Nagelzeichen*, jene weißen (oder auch schwarzen) Flecken, die eigentlich durch gesundheitliche Störungen entstehen.

Auf dem Jupiterfinger sollen sie Glück in Geldsachen bringen, auf dem Saturnfinger in persönlichen Angelegenheiten, auf dem Apollofinger deuten sie auf berufliche Anerkennung wie Erfolge in Kunst oder in den Wissenschaften hin, auf dem Merkurfinger auf Spekulationen oder Geschäfte, auf dem Daumennagel haben sie für die Liebe Bedeutung. Da ein solcher weißer Fleck etwa drei Monate braucht, um vom Nagelmond bis an den Fingeransatz des Nagels zu wachsen, das ist der Zeitpunkt des Eintreffens, können die Wahrsager(innen) diesen leicht abschätzen. Man beachte: Der Daumennagel wächst nur halb so schnell.

Wann habe ich „Pech"?

Wie vorstehend, doch sind es keine weißen, sondern schwarze Punkte auf den Fingernägeln. Sie sollen Ungünstiges anzeigen.

Ob Glück, ob Pech – hier ist die Handdeutung Wahrsagerei. Und was wie ein Spaß aussehen soll, etwa auf einer Party, kann dennoch unangenehm beeindrucken.

Etwas mehr Verlaß ist auf die „Kummerlinien". Es sind Linien, die vom Venusberg ausgehen, die Lebenslinie schneiden und bis in die Marsebene gehen, sogar die Kopflinie schneiden und bis zur Herzlinie gehen. Das muß nicht immer Liebeskummer sein, es kann sich um die Vernichtung eines Lebenswerkes handeln, wenn einem – recht bildlich – „ein Strich durch eine wichtige Sache gemacht wird". Wann die Neigung besteht, das Schicksal in dieser Weise herauszufordern, läßt sich an den Jahren der betroffenen Linien ablesen.

Probleme, die sich aus der Handdeutung ergeben

Wer sich einmal mit seinem Horoskop auseinandergesetzt hat, weiß, daß sich daraus ganz zwangsläufig Schlußfolgerungen aufdrängen wie etwa: Gibt es ein vorbestimmtes Schicksal? Doch der Astrologe kann sich irren, auch handelt es sich hier um eine Zeichnung, in die er leicht etwas hineininterpretiert, das der Laie nicht nachvollziehen kann. Auch erfordert eine astrologische Prognose Berechnungen, die nur ein Kundiger vornehmen kann. Aus einem Horoskop vermag ein Laie nichts herauszulesen, und er wird somit bei negativen Aussagen oft zweifeln.

Anders in der Chirologie. Die Handdeutung ist zwar ungenauer, was das Erfassen des zeitlichen Ablaufs angeht – ein bestimmtes „Ereignis" läßt sich nur auf ungefähr ein Jahr festlegen –, doch in der Regel muß man mit einem viel weiteren Zeitraum arbeiten. Ein Millimeter auf einer Linie soll zwar einem Jahr entsprechen, aber es gibt noch mehr unterschiedliche Verfahren der Zeitmessung als in der Horoskopie, wo wenigstens die Bestimmung der Transite (das sind die Übergänge der Wandelsterne über Planetenorte der Geburtsfigur) ziemlich exakte Ergebnisse liefert.

Dafür aber kann auch ein Laie den Bruch in einer Lebenslinie erkennen, und viele wissen oder ahnen, was das heißen könnte.

Der Verlauf der Schicksalslinie gibt selbst einem wenig erfahrenen Deuter schon beachtenswerte Hinweise.

Wenn also z. B. ein Bruch in der Lebenslinie auf die Zeit um das 40. Lebensjahr zu beziehen ist, so spricht die Erfahrung schon im voraus dafür, daß sich mit einiger Wahrscheinlichkeit dann eine nicht gerade alltägliche Krankheit ergeben könnte (nicht muß!). Und wenn später, rückschauend auf diese Zeit, der tatsächliche Ablauf die Prognose bestätigt, drängt sich zwangsläufig eine bestimmte Schlußfolgerung auf: daß diese Krankheit schicksalhaft vorgegeben, d. h. anlagemäßig zu erwarten gewesen war.

Wir müssen bedenken: Die Ausformung unserer Handlinien ist das Produkt unserer Gedankentätigkeit wie unserer Gefühle. Sensible Menschen haben eine linienreichere Hand als geistig schwerfällige oder einseitige Personen. Unsere Gedanken müssen also eine in die Zukunft weisende Kraft sein, denn sie sind schon beim Schulkind deutlich.

Wenn das so ist, dann bewirkt positives Denken auch ein positives Schicksal. Aber die Linien, mit denen wir geboren wurden, die Beschaffenheit unserer linken Innenhand ist erblich bedingt. Es ist das „Horoskop in der Hand“, mit dem wir zur Welt kommen. Woher stammen nun diese zukunftweisenden Trends? Hier gibt es eigentlich nur eine Antwort, die einigermaßen überzeugt: Auch diese Linien sind von uns vorgeburtlich vorgedacht worden.

Soweit nicht elterliches Erbe aufscheint (in der linken Hand von seiten der Mutter, in der rechten von der des Vaters), sollten wir vielleicht auf Karma und Reinkarnation schließen: Das jetzige Leben als Folge eines vorhergegangenen (oder mehrerer) gemäß dem Gesetz von Ursache und Wirkung? Wir sind, was wir denken bzw. gedacht und gehandelt haben – folglich werden wir so werden, wie wir jetzt denken und handeln. Also Himmel oder Hölle auf Erden erleben. Wenn dieses gegenwärtige Leben nicht mehr ausreicht, dann erreichen wir im nächsten das Angestrebte. Könnte dies nicht erklären, warum der eine ein Glückspilz, der andere ein Pechvogel ist? Warum dieser gesund und unverwüstlich, ein anderer aber ein Krüppel ist? Hier streikt jedoch unser abendländisches Empfinden.